U0029230

孤獨力

一個人也可以好好過

幸せを呼ぶ孤独力——

“淋しさ”を「孤独力」に変える人の共通点

齋藤茂太——著
楊素宜——譯

「孤獨力」帶來的幸福

大家都誤解了「孤獨」。

「獨自一人」的時間是非常寶貴的。因為，那正是能夠好好正視自己、只為自己著想所度過的時間。所以，一個人獨處的時光也可說是「創造自我的時間」。

能夠利用這個如此寶貴的時間來增強自己的力量，同時好好活用這股力量，讓自己活出「真正自我」的人，正可謂是擁有「孤獨力」的人，也是對自己充滿自信，能夠邁向名為「幸福」的成功人生者。

獨處的時候，試著將整個人完全放鬆，好好思考吧——沒有可以讓自己真正敞開心胸、暢所欲言的朋友？沒有遇到能夠彼此真心相愛的戀人？在怨嘆這些事情之前，請先試著認真想想，「什麼是一個人」吧！

著有《獨自一人的太平洋》等著作的名作家堀江謙一，曾一人在波濤洶湧的荒海上，與孤獨奮戰過。他坦承道：「老實說，真的很孤單、很寂寞。但我覺得，那種孤寂是會習慣的──（中略）──是總有一天一定能夠承受得住的。」

堀江的意思應該就是指，等到能夠承受且忍耐獨自一人的孤寂時，最後也可能成為享受孤獨的人。

在空無一物的太平洋上，任誰都會感到孤獨。而那些總愛逞強說自己不怕孤單的人，其實全都是害怕寂寞的吧。既然如此，不如盡情地好好享受孤獨，讓這份孤獨成為自己的好夥伴。

就算被討厭又有什麼關係呢？不要因為無法忍受遭到同伴排擠的孤寂，就總是看別人的臉色過日子，而放棄自己想做的事。請以最真實的自己悠然自得地過著屬於自己的人生。

也不要小看自己，去發掘隱藏著無限可能的自己吧！只要能把那份孤寂轉化為「孤獨力」，就能看見那條通往幸福的大道。

一旦擁有「孤獨力」之後，還有另外一項好處，那就是，「個人的獨特光芒」也會隨之增強。無論是自己的弱點還是強項、優點也好缺點也罷，從頭到尾、徹徹底底去認識最真實的自己，同時將這些都轉化為正向能量，個人的獨特性也會更加顯著。如此一來，旁人也無法忽視你。所以，擁有「孤獨力」的人，人群都會自然而然到他們身邊。

和朋友在一起之所以會感到快樂，就是因為每個人都是獨立個體之故。

而會認為戀人無法由別人取代，也是因為在他／她身上有著只屬於他／她自己的燦爛光芒的緣故。
只要擁有「孤獨力」，就一定能夠散發出只屬於你自己的光芒。

——**齋藤茂太**

CH 03

孤獨的內心柔軟操

CH 04

從孤獨力孕育出愛情與友誼

CH 05

讓「孤獨力」覺醒

CH

01

獨自一人為何會感到悲傷寂寞呢？

發現內心的「醜小鴨」

還記得丹麥童話作家安徒生（Hans Christian Andersen）所寫的《醜小鴨》嗎？誤入鴨群裡的小天鵝，因為長得和其他小鴨不同而慘遭欺凌。最後，連醜小鴨一直認為是親生母親的鴨媽媽也拋棄了牠，所以牠只好離開鴨群，到外面的世界去。但即便如此，這隻「醜小鴨」依然過著多災多難的日子。

某日，從小被欺負到大的「醜小鴨」差點凍死在池塘時，一位農夫把牠救了起來。但因為「醜小鴨」無法坦率地接受農夫的溫柔關懷，覺得自己「又會被欺負」，因此上演了一場暴動事件後，逃離農夫的家。故事的結局是，長大之後的「醜小鴨」發現，原來自己不是鴨子，而是美麗的天鵝。

關於「醜小鴨」的孤獨，各位讀者有什麼感想呢？長大後再次閱讀這篇童話故事，深感自己的命運宛如「醜小鴨」的人應該不少吧？

沒錯，這個故事可說是「人類社會的縮影」。因為只要是稍微與眾不同、特立獨行的人，總是比較容易遭到旁人的排擠或欺負。那些人在團體裡都是孤立無援的，只能感傷地認為「沒有自己的立足之地」，鬱鬱寡歡地度日。

然而，這世上沒有任何兩個人會是一模一樣，與眾不同也是理所當然。因此，沒必要為了迎合他者而改變自己，這樣的努力毫無意義。

這類孤獨感是源自「想要和大家一樣」的想法。其實，可以帶著「跟大家不同也無妨。我就是我！做自己心中理想的自己就好！」的想法，抬頭挺胸、面對一切，心情就會變得非常輕鬆。只要像這樣滿懷自信，儘管被欺負或是遭到排擠，也不會感到自卑。

一味迎合，只會喪失自我罷了。「與眾不同」是意味著擁有自我獨特的個性，而那也是自己的優點。

請再次重新審視自己，你會發現，所有的欺凌都會不可思議地漸漸煙消雲散。成熟點，也自信些，回顧以往的自己就能慢慢瞭解，正是因為拚命地想變得和大家一樣，才會逐漸失去自我，看起來沒有自信，也讓別人趁機欺負你，周遭的人也群起效尤。在意旁人的眼光，就是這麼一回事。

「醜小鴨」由於離開了鴨群，孤身才得以看見更寬廣的世界，也才能夠累積到許多總是以群體行動為主的小鴨們絕對無法體驗到的經驗。

若「醜小鴨」不是天鵝，而真的是鴨寶寶，應該會一直待在鴨群內，到最後都無法認識真正的自己吧？從另一個角度來看，就是因為「醜小鴨」落了單，才得以確認自己的真正身分，不是嗎？

事實上，「孤獨」對要忠於自我、做自己這點來說也是非常重要的，這也就是「孤獨的力量」，我們在後續仍會談到這點。

人類的力量是在真正認識「孤獨」後，於獨處的時間內慢慢醞釀而成的。順帶一提，據說，安徒生是將自己「遲遲無法一展長才，無法得到世人讚賞」的感覺，投射在《醜小鴨》這則故事裡。或許是因為安徒生也深信「自己這隻醜小鴨總有一天也會變成天鵝」，因此才能夠創作出這部作品吧？

然而，是鴨子也好，天鵝也罷，只要認清自己原本的模樣，即使身處於其他不同「生物」族群裡，也無需感到恐慌、不安。抬頭挺胸，做真正的自己就好。如此，在不久的將來，就能散發出閃耀動人的專屬魅力了。

給「孤獨」的一句話

擁有崇高思想的人絕對不孤單。

——菲利普・西德尼爵士（Sir Philip Sidney），《阿爾卡迪亞》（Arcadia）★

★註解：

英國作家、政治家及軍人。《阿爾卡迪亞》（一五九〇年）是一部用散文和詩歌創作的傳奇故事。

沒有愛就活不下去的理由

胎兒在母體內的姿勢是雙手環抱雙膝、將頭埋進雙膝內、整個身軀蜷曲著。而那姿勢宛如是用自身的體溫安慰自己一人時的孤寂般。

每當我想起胎兒的這個姿勢，就會深切感受到，「打從生命開始的那刻起，就注定是孤獨的」。一定是因為這樣，每當人類感到寂寞悲傷時，才會無意識地像胎兒似的，將身體蜷縮起來吧。

各位應該也有過這樣的經驗——飽受孤寂折磨時，在黑暗的房間裡，環抱雙膝啜泣著……但人本來就是寂寞的，任何人都是獨自來到這個世上，獨自生存下去，然後獨自離開人世的，這是人類的宿命。

明治時代的文豪田山花袋說過：「人類原本就是獨自一人來到世間，獨自一人離開人世。也是因為身在茫茫人海中，才清楚意識到自己原來是孤獨的。」這句話聽來或許會令人覺得毫無療癒效果，但非常重要的是，我們要完全認同並接受這個無庸置疑的人生真理。

只有明白孤寂的人，才能擁有戰勝孤單的力量，同時溫柔體貼地諒解和自己一樣飽受孤寂折磨的人。

而從「人類是無法獨自活下去」這相反的論點來看，也正是由於每個人原本就是單獨的個體，才會有這樣的說法，不是嗎？

正因為知道自己是孤獨的，才能夠理解別人、愛別人，互相攜手共存。換句話說，在世上的每個人都是「獨自一人」的命運共同體，是一起共同生活的同伴吧。

絕對不可以逃避自己是孤獨一人的事實，這是避免內心被寂寞所侵蝕、最重要的心理準備工作。

當喜歡一個人的時候，往往會覺得那個人只屬於自己吧？

法蘭絲瓦・莎岡（Françoise Sagan）★說：「有多麼愛就有多麼孤獨。」意思是說，只要愛上一個人，人際關係就變成一對一的關係了。當為愛煩惱、為愛所苦，人類就會感到孤獨。

SMAP所翻唱的歌曲中也提到，你是「世界上唯一僅有的一朵花」。光是「Only One」這句就已經充滿魅力了。

★**註解：**
法國知名女性小說家。

給「孤獨」的一句話

認識你自己。

——蘇格拉底（Socrates）

便利商店是「孤單者」的補蛾燈？

聽說有不少年輕人在下班後，或是與三五好友去吃喝玩樂後的回家途中，會像被明亮的燈光所吸引似的飛蛾那般，踏進便利商店裡。

我本身幾乎沒有在深夜去過便利商店，但曾聽過一位年輕女性說：

「倒也不是真的有需要買的東西，可是每當回過神，就發現自己已經在便利商店裡東找找、西看看了，而且還蠻常發生的。稍微環顧四周後，還意外發現，在裡面閒晃的人真是不少……不知道大家是不是都不想回到只有自己一個人住的房間才會這樣？還是太喜歡人群，所以不知不覺就聚集在便利商店？或許我自己也是一樣吧。但總覺得，便利商店裡的每個人看起來都很寂寞的樣子。雖然可以稍微感到安心，但要說，只要有很多人在，寂寞的心就能夠得到撫慰的話，就不是如此了。反而，只會覺得更寂寞。」

我大概能夠瞭解這女孩的想法。獨自一人時會感到寂寞的人，或許真的會不知不覺地鑽進人群中，但那樣只會讓自己更清楚意識到「我真的是孤伶伶的」，而感到更加寂寞。

哲學家三木清說：「孤獨並非在深山裡，而是在街道上。孤獨不是在一個人的時候，而是在『人群之中』。」

而便利商店或許就是三木清所說的「人群中」這個象徵性的空間吧。若真是如此，那麼因為孤寂而不自覺進入便利商店的那些人，這個舉動才是真正招來孤寂的主因。

若無需購買東西，就別繞到便利商店，直接回家吧！利用多出來的時間做自己喜歡的事，反而更有意義，也不會浪費時間與金錢。

事實上，為了排遣孤獨所產生的欲望，意外會造成許多不必要的浪費。好比說，男人喝酒或上酒店，又或是女人想要吸引注意而大費周章地打扮，追根究柢來看，說不定都是因為感到孤寂所致。

光是想像那每晚聚集在便利商店內的年輕族群，我不禁覺得，便利商店就好比「孤單者」的補蛾燈。

「孤單者」應該是因為想從那個名為「孤寂」的黑暗深淵中脫身，才會像成群聚在夜晚燈光下的小飛蟲那樣，從四面八方不斷地聚集在便利商店的燈光裡。看來是獨自一人生活的人似乎不想回到住處的心情作祟之故。

曾有人表示：「真的很討厭踏進黑漆漆的房間的那一瞬間，沒有明亮的燈光，也沒有人會跟我說：『歡迎回家！』那種寂靜真的很難受。」於是，雖然沒有想看的節目，但仍然會不自覺地打開電視。

而到底該怎麼做，才能擺脫那樣的想法呢？「事先準備好會讓自己想早點回家的東西」，就是方法之一！像是，漫畫或推理小說、音樂等等這樣就行了。

偶爾不妨試著為獨自在家的夜晚時分，設定一些獨特的主題，例如：為了要當上ＩＴ企業界老闆的「擬定偉大未來計畫之日」，或是「選一部電影，將電視機切換到靜音，自己隨興配音，當個一日之星」。

也就是說，不要將鎮日的疲憊帶回自己一個人住的房間裡。先從腦海裡將日常生活的情緒，轉換到非日常生活的世界去旅行，以這樣的心情迎擊空虛。

如果你現在正感到孤寂，那麼就更應該加倍珍惜，把握這個僅屬於你自己的時間。

是否意識到沒有戀愛運是因為身上的刺呢？

聽說熱衷於網路交友的人越來越多了，應該是因為無法在現實生活中交到朋友而感到寂寞，才會進入那個虛擬世界，尋找交友的機會吧？又或是，在現實生活的人際關係不好，所以想進入能夠隱藏「本尊」，與他人交流的世界？也想藉由認識陌生人所感受到的刺激，替寂寞的日常找個出口？

無論原因為何，我能斷言：「虛擬世界的人際關係終究還是虛幻無實的，根本無法療癒孤寂。」

過去曾經造成話題的《電車男》，也就是大家所熟知的秋葉原系御宅族的年輕人，多數主因似乎都是不擅於處理現實生活中的人際關係所致。

而我個人認為，他們之所以會如此，是因為他們讓自己在現實世界中成為沒有實體的透明人，使得自己只能在虛擬世界裡生存。

就算能因此暫時緩和寂寞，但在內心的某個角落，一定會殘留著與看不見實體的人物交流所產生的空虛感。結果終究也只是加深內心的孤寂而已。

當然，我不是說廣泛尋求趣味相投的朋友，或是能夠共同分享煩惱痛苦的網友是不好的。也不是說，若要以這個方法作為契機，來建立良好人際關係是不可能的。能夠彼此分享煩惱，互相安慰勉勵，的確能得到向前邁進的力量。

譬如，以前在ＮＨＫ播放的《今日焦點》（Today's Close-up）這個節目，曾討論到自殺系網站的話題，主要討論的內容是該類型的網站不但蘊藏著成為集體自殺場所的危險性。

而且，對於已經有「想要一死了之」的想法、感到孤獨不已，任誰都無法幫助自己解開那份痛苦的年輕人而言，是個能夠得到慰藉的場所。

如果是因孤寂而萌生自殺念頭的人，即使能夠在虛擬世界吐露自身的痛苦，卻由於害怕受傷，而無法對身邊的人說出實情，這便是問題。也就是說，只與能夠溫柔體貼地傾聽自己心情或煩惱的人來往，反而會將自己推入孤獨的深淵裡。

縱使懂得利用網路社群來解決問題，但現實社會中「彼此互相傷害的人際關係」仍是存在的。這和只跟自己有相同想法的人所構成的網路社群不同的是，現實社會裡有許多「非理解者」的存在。

要是因此害怕受傷，而完全無法跟任何人直接說出真心話，終究只會再次躲回原本孤獨的殼內。

我認為，網路社群只能說是「孤單者」的暫時避難所而已。千萬別忘記，那裡只是讓自己成為在現實社會上能夠清楚地表達自我主張、建立人際關係的彩排場所罷了。

所謂人際關係，是在與自己擁有不同價值觀的、各式各樣的人，彼此真誠地說出內心的想法，在不斷溝通、認同對方的存在當中所建立起來的。

只是一心努力想保住自己美好的一面，對任何人都無法敞開心胸，遲遲找不到與自己有同感的人，只會不斷受傷，自怨自哀地認為「我就是孤獨一人」，無法與任何人有交流，也不可能交得到朋友或男女朋友。

為了要能與人心靈相通，必須要擁有不畏受傷的勇氣，以及即使遭到背叛，也要能夠完全接受的堅強。

其實，只要相信自己所擁有那份勇氣和堅強，敞開心胸就行了。舉例來說，美國人在電梯裡遇到不認識的人等狀況下，仍然會友善地向對方打聲招呼，說些「你好！」、「今天好冷喔！」諸如此類的問候。

他們認為，在那種狀況下，沉默不語反而是不禮貌的，會被認為是可疑人物。所以，無需感到害羞，只要簡單地噓寒問暖，就能瞬間拉近彼此距離。

如果不知該如何對別人敞開心胸，請先試著從這種簡單的招呼作起吧！只要稍微面帶微笑，試著自己先開口，日後的人際關係發展會超乎你意料之外的多喔！

如此一來，也能夠停止和那些虛擬朋友交往的習慣，別再只因感到寂寞就遊走於完全不著邊際的網路世界裡了。其實，當中有不少人只是想利用人性害怕孤寂的弱點，趁虛而入。

請務必牢記這點——真正能互相理解的人就近在咫尺。能和毫無保留表現出最真實的自己交往、共同攜手並進的人，只有在現實世界裡存在。

為何都沒有人能瞭解「真正的我」？

各位讀者在什麼時候會感到孤獨呢？

「一個人獨處的時間」即如字面所述，意思就是「獨自一人」。這個時候當然會「希望身邊有人陪」，對吧？那是因為想要尋求從「他人」的存在中得到安慰。

那麼，只要有人陪在身邊的話，真的就不會感到孤單寂寞了嗎？絕對沒那回事！

的確！如果彼此是真正心靈契合，或許就能與孤獨絕緣。但人際關係並非能夠如此簡單順心。

人與人之間，只要內心齒輪稍有不合，人類就會嚐到如同被拋棄的寂寞感，或是無法和大家分享自己心情的痛苦等等。所以，比起一個人獨處，跟「別人」在一起的時候所感受到的孤寂應該更深，不是嗎？

像是，「我那麼替你著想，為什麼你都不懂我的用心呢？」而因此感到焦躁不安；又或是因為「都沒人願意聽我說！為什麼總是要排擠我？」的狀況，感到疏離。

獨自一人時的孤寂，絕對是來自活在「他人」裡面的「自己」，或是由於自己的感受不被重視、說的話遭到反駁，成為大家攻擊的箭靶等等狀況下產生。也就是說，通常會深陷於獨自一人時的孤寂，和自己身邊有沒有人陪完全無關，反而是因為有「他人」存在才會如此。

換言之，孤寂是從期望得到別人「理解我的想法」中，衍生而出。

那也完全只是因為覺得別人沒有依自己的心思意念行事，所以認為遭到背叛罷了。「我是那麼為你著想，所以你應該要報答我。」、「大家應該體諒我的想法，傾聽我想說的話才對！」

在內心某處隱藏著這類以自我為主的想法，當事情無法如願，就會感到孤寂伴隨而來。但話說回來，那些願望原本都頗強人所難。請試著想想自己是否會依照別人所想來行動呢？還是想根據自己所思來做事呢？

我常常都對那些因為希望別人依照自己所想而行動、對於「他人」過度期待而感到煩惱不已、深陷孤寂的患者說：「能夠依照自己所想而行動的，只有自己，別人絕對不會凡事都依我們所願，爽快地捨棄那種希望別人能夠瞭解自己心情的想法吧！試著單純地希望將自身的想法傳達給他人，努力和別人交往看看吧！

如果能夠做到這點，就能夠達成自己『希望能傳達出自己想法』的這個最大心願，也能因此感到滿足。無論對方的反應如何，都不會再感到寂寞或難過了。假使原本就不抱任何期待，但最後能和對方達成共識，那麼所產生的喜悅感就會倍增。」

強烈地「希望能傳達自己的想法」並努力傳達，比起擔心別人能否瞭解自己更為重要。至於對方到底是否可以理解自己想要傳達的？會有什麼反應？就單純期待答案出現即可。這樣不是很好嗎？

因為別人無法瞭解自己，就陷入毫無意義的孤寂裡，只會使自己人生的根基動搖，好比將自己人生的舵交託在「他人」手上。

在意「他人」的存在前，先想想自己真正想做的是什麼吧！——這也是將孤獨轉變成力量的訣竅之一。

給「孤獨」的一句話

無法找到內心的平安喜樂時，即使追求外在的平安喜樂，終究也只是白費力氣而已。

——拉羅什福柯（La Rochefoucauld）★

★註解：法國作家。

「不努力的人」的向前邁進法

工作出錯、被老闆罵、朋友之間相處不融洽、和家人吵架、跟情人分手……人生有許多不順心與不如意，當下就好比雙腳陷入無底泥沼裡般，即使努力想要讓狀況轉好，但越掙扎只會陷得越深。

「不管怎麼做都是在唱獨腳戲，真的好累！」最後常會有一股這樣的無力感襲擊而來。

不知是否因為人類與生俱來的戰鬥本能，只要遇上困難，總會努力奮戰。然而，若是以「凡事之所以不順心，不是我的錯！一定要讓大家知道這一點才行！」這種想法奮戰，終究會變成「孤立無援地戰鬥」。而不管再怎麼努力，只會招致周遭更大的反擊，往往就會變成被孤寂糾纏而寂寞不已。

因此，這個時候應該要完全接受凡事不順的事實，從自己身上找出原因，將這個原因當作出發點，才開始進行更好、更有意義的奮鬥。否則，所有的奮鬥都只會成為「無謂的努力」。

作家桐島洋子女士以前曾經分享過一段和這想法有關、令人相當感興趣的故事。

身為一名戰地記者，不但經歷過越戰，且在媒體的第一線上活躍的桐島女士，同時也是單身母親，獨自扶養了三名子女，在人生道路上勇猛果敢地向前邁進。但她卻說：「我是完全不努力的人喔！平常就是放鬆心情，讓自己完全順其自然。特別是在需要放手一搏的時候，更讓自己處於完全放鬆的狀態。」

這到底是什麼意思呢？

桐島女士少女時期住在葉山（屬神奈川縣）的那段期間，每天都到海邊游泳。她說：「每次都是在跟海浪格鬥。被海浪徹底打入海裡，再被推回到岸邊，嘴裡滿是砂土，幾乎都是嘗到這樣不甘心的感覺。」

而某日，一股巨浪向她襲來。在完全無法抵抗的巨浪前，她喪失了戰鬥意志，便心想：「順其自然吧！」就這樣放棄了與大海搏鬥。但卻在那瞬間，身體自然地浮起來了。巨浪輕輕地、溫柔地將她環抱舉起後，又再度將她放回海中。桐島女士當下體會到，「讓身體順其自然，自然而然地一切事情都會有最棒的處置。」

於是，在那之後，桐島女士就養成了在人生裡所有的「海浪」中，也就是，當碰到對自己不利的事件襲來時，就讓自己完全放鬆，順其自然，以往好的方向為努力目標的習慣。

很棒的一段分享，對吧？

我絕非要大家完全忽視發生在自己身上的事，而是要完全接受，向前邁進。這就是桐島女士所說的「順其自然」。

當無能為力時，莫急、莫慌、莫掙扎……沉著冷靜地面對。如此一來，原本偷偷地向自己靠近的孤寂也自然會悄悄遠離。

給「孤獨」的一句話

自我存在。維持原本的自己就好。

——惠特曼（Whitman）★

★註解：美國詩人。

所謂「過去比現在美好」的謊言

和重要的人分離的時候，心就好比突然破了個洞似的，寂寞且難過。

在我活了九十個年頭裡，也經歷過無數次的、痛苦的分離經驗，其中有些經驗也曾讓我久久無法走出。

當強烈意識到「獨自一人」時，就別再勉強自己做任何事，試著暫時持續一段時間，毫無顧慮地沉浸於孤獨之中。

如果過度忍耐，最後極有可能會變成壓力而罹患憂鬱症。所以，在那種情況之下，最重要的，就是不要努力「想要忘記」已經離開的人了。因為越想忘懷，就會越忘不掉。

「我們曾經有過這些點點滴滴呀！」

反而應該要試著像這樣，仔細地想過一遍與那個人之間的回憶後，就能夠接受「現在那人已經離我遠去，從我的日常生活中消失了。所以，現在的我是一個人」這樣的現實。

同時，心情也可以重新啟動，獨自一人再次出發的活力也會湧現出來。

要是無法面對分離的事實，就會遲遲無法從「如果他／她可以在我身邊就好了」或是「和他／她一起度過的時光真的好快樂」等等的回憶走出來，飽受孤寂的折磨。

一個二十多歲的女孩跟我分享了「有些痛苦的回憶」的。

那是在她高中二年級的夏天所發生的事——和她從國中起就是同班的好友轉學了，因此原本一直都是「超級麻吉的二人組」就這樣被拆散。

「好寂寞、好孤單……班上同學都有自己的小團體，我就這樣被孤立了。所以，每天我都打電話給那個好友哭訴。那樣的日子持續了將近一個月左右，後來，某一天，我那位好友也稍微抱怨了一下。她說：『我也是啊！因為是轉學生，到現在都還交不到朋友，我也覺得很孤單。能像這樣跟你打電話聊天，真的很開心。可是，你不覺得，我們都在聊以前的事情嗎？感覺很像老人耶。你不希望我們能夠有新的快樂話題可以聊嗎？我們現在已經不是同班同學了，也差不多該要學習獨立，去交新的朋友了吧？在能夠盡情聊這些事之前，我們暫時連電話都要忍住，先別打了吧！』

瞬間，有如當頭棒喝，我清醒過來，意識到她和我已經不在同一班的事實。同時，也驚覺自己這樣每天打電話給她，她應該也覺得很困擾。

老實說，當時覺得自己遭到拒絕，真的覺得很受傷。但我也認同她說的，好好地反省了一番。其實我自己也已經厭煩老是聊以前的事情了。

因此，我終於告別了內心的孤獨，積極地和班上其他同學說話。之後，我才知道，好像是我看起來很不開朗，大家都不知道該怎麼跟我開口。接下來的日子裡，在不知不覺中，我也成了某個小團體的成員，和他們成為死黨。」

她也提到，因為有了這種經驗，而學會了「輕鬆說再見」。

和高中的友人分開、上大學時和家鄉父母分開、男女朋友分手、因調職要和自己所尊敬的上司告別、與退休同事分開……雖然到目前為止的人生已經經歷過不少別離，但她說每次都會以高二那年夏天的事作為教訓，告訴自己：「先『複習』回憶吧！」用這種回憶過往的方式讓自己完全沉浸在孤獨裡，盡情享受寂寞後，再告訴自己：「那個人已經不會出現在我今後的日常生活了！」

當然，這並不是說今後和這些重要的人再也不相往來。這些重要的人只是消失在往後的日常生活中而已。若和這些重要的人不是永久的離別，日後還是要記得利用機會，偶爾見見面、通個電話或用郵件聯絡等等來維繫感情。

二十世紀法國的美好時代★的畫家，瑪麗・羅蘭珊（Marie Laurencin），在〈鎮靜劑〉（日文版為堀口大學譯）這首詩中寫道：

比被拋棄的女人更可悲的，是無依無靠的女人。
比無依無靠的女人更可悲的，是被趕走的女人。
比被趕走的女人更可悲的，是死去的女人。
比死去的女人更可悲的，是被遺忘的女人。

我們都希望，與自己親密度過某個階段的重要人士的往來，能夠細水長流。但只要稍微怠惰，就會變成如這位畫家所說的「最可悲的女人」。

相識是離別的開始。而在我們有限的生命裡面，總有無數個邂逅正等候著我們。

好好地揮別和重要的人曾經共同度過的往日時光，然後也好好地與現在正處於同一個環境中的人，彼此真心關懷，創造美好未來——獨自一人的時間，就是道別和問候之間的橋梁。

順帶一提，有人說只要堅信「一定能夠遇見很棒的人」，每天這樣告訴自

★**註解：**
歐洲社會史上從十九世紀末至第一次世界大戰爆發而結束的一段時期。

己，這個願望終究會實現。但我們不能只當一個「愛做白日夢的人」。倘若沒有付諸行動以尋求邂逅，這個目標是不會達成的。

就先到電影院或美術館、劇場、球場、競技場、演講會場……等等自己喜歡的地方去吧！在那裡一定會遇見和自己談得來的人。

當看到一位一直站在自己也非常喜歡的畫前的女性，就輕鬆自在地面帶微笑對她說：「我也很喜歡這幅畫呢！」

有些人就是利用這樣的機會，有了一段美好的邂逅。又或是，看到別人忘在沙發上的東西，立刻將它送回主人手上；看到別人辛苦地提著東西時，順手幫忙一下。在類似場合下，微不足道的親切小舉動，會造就很好的機會。

小小的親切是溝通的開始，就鼓起小小的勇氣，嘗試看看吧！

CH

02

在獨處的時光裡「預見」未來的自己

隨心所欲過生活的智慧

與西方人相較，日本人好像比較不喜歡獨自行動，像是外出、參加活動、用餐……等等，總之無論要做什麼，一定都傾向要找個伴一起。

和志同道合的朋友行動是很開心、很快樂的事情，所以針對這點，我不會說：「請別這麼做。」但當彼此想法有所出入，就會出現問題了。

如果有一方並非出於自願，心想「反正我只是作陪」，就勉強自己配合對方呢？

又或是，其中一方只因認為「我們是朋友吧！陪人家去啦！」便強求對方配合自己呢？

如果是被迫配合的人，就算跟朋友在一起，也一定不會覺得快樂。而且對方也會感受到那種氣氛，所以強迫別人配合的那方，內心多少也會覺得不舒服吧？這種情況要是彼此不能清楚地表明「自己想怎麼做」而達到共識的話，自己一個人行動還更好呢！

例如，朋友約說：「一起去學插花吧！」在這種情況下，若一聽到就想：「如果拒絕對方，她會不高興吧？」可是不行的。

行動準則是出於自身的想法，YES OR NO 應該要問自己才是。

「我對插花有興趣嗎？」

「我想跟她一起去嗎？」

「我有錢去上課嗎？」

先如此自問自答一番，應該會出現許多不同的答案。但要是「全部都

YES」，就無需考慮，直接高興地回覆對方：「好哇！一起去！一起去！」這是非常簡單的事。

當答案「全都是NO」的時候也一樣，斷然拒絕即可。與其想一些盡量不讓對方感到失望的謊言藉口，不如老實坦白：「不好意思，我對這方面沒興趣，經濟上也有點不方便。」用這一類誠實的原因來婉拒比較好，相信對方也能夠理解。

但唯獨「我不想和你一起去！」這個理由一定要藏在心裡，不能說出口。因為那真的會傷害到對方。

比較麻煩的狀況是，答案有「YES」也有「NO」的時候。此時，就必須要以當下自己比較偏重的哪個答案為優先考量。像是，「我對插花很感興趣，只是不想和朋友一起去，但又不想只因為這個理由就放棄。至於現在手頭也不是很寬裕，若在其他方面稍微節省一點，應該沒問題。」

「雖然對插花沒興趣，但如果是跟她在一起的話，應該蠻好玩的。反正閒著也是閒著，錢的部分也不是太大的問題，就去看看吧？」

如果是類似這些想法，答案就是「YES」。

「我本來就很討厭跟她一起去上課。雖然喜歡插花，錢也不是問題，但還是等有其他機會再說吧！」

「現在就是沒錢！雖然也想跟她一起去學插花，但真的沒辦法。」

若是這種情況，回覆也就只有「NO」了。

最傷腦筋的狀況是，原因主要為「就是不想跟你一起去」的情形。

「我還是覺得類似這種課程，自己去會比較自在，所以我就不同行了。」

只要這樣回覆就好，對方應該也不會再死纏爛打。

像這樣，養成「自己的行動由自己決定」的習慣，就能夠凡事都能獨自行動了。不會勉強自己去配合別人，或強迫他人配合自己，搞得大家在一起也不開心，這樣「浪費人生」的行為也消失了吧。

我認為，會想配合別人行動的人，基本上內心都潛藏著「不想落單」的想法。可只是一味配合，最後就會喪失自我。事事都依對方的心意走，終究仍會苦於獨自一人的寂寞感。同時，也會變得不知道自己本身的存在價值在哪兒。

因「不想變成單獨一人」的想法而行動，結果反而會導致更強烈地感受到「獨自一人」的可悲罷了。

只要擁有「原則」，無論是和誰在一起或自己一人，隨時隨地都能感受到自身的存在。最後，就能從毫無自我存在感的孤獨中脫離，也將「原則」當成行動方針，便可自由自在，享受隨心所欲的愉快時光。

給「孤獨」的一句話

別人是別人，但我就是我。

——西田幾多郎★

★註解：日本具代表性的哲學家。

交不到朋友時，正是面對自己的最佳時機！

朋友們熱熱鬧鬧、開開心心一群、兩群、三群、四群地……聚在一起，只有自己是孤孤單單一人，雖身處同一空間，卻被遺忘在角落。這種狀況，任誰都會感到難以忍受的痛苦吧！

無論去哪裡，做什麼，都會感受到沒有同伴的孤獨。此時，不禁會在心裡嘶喊：「拜託！有沒有人能感受一下我的存在呀？」

但事實上，擁有沒有同伴的「一人時間」並沒有想像中的那麼糟喔！因為人際關係中最重要的，就是要擁有「面對自己的時間」。

總是有朋友在身旁，而且一直很要好時，就無法意識到自己的缺點，也就不太能夠好好正視自己。但每當和某人鬧翻或失和，或是無法和任何人擁有良好關係，就會萌生「為什麼我就是沒有吸引別人的魅力呢？」之類的疑問。

在反覆思考這個『為什麼』中，其實潛藏著促使人類成長的重點在內。或許會感到很痛苦，但請嘗試一次好好正視自己，把自身的缺點全都列出來。然後，我建議各位，試著想想怎麼做才能把這些缺點變成優點，加以發揮。

一個人的性格不是那麼容易就能改變的，與其努力把缺點除掉，不如將缺點變成優點更容易些。各位不覺得，維持原本的性格，並將缺點變成能夠吸引人的魅力之處，是非常輕鬆的事嗎？

不用想得太難，本來優點就是缺點，缺點即為優點，人的性格是表裡一體而成的，只要正確發揮出來，要把這些變成優點也不是不可能的。

「我都交不到朋友，總是孤單一個人！我真的沒有魅力呀！」我曾經建議一個總是為這種事情煩惱的人，實際試著依照以下方法實行後，得到了非常棒的結果。

他所列出的主要缺點，並試著要將缺點變成優點的重點有以下五點：

・怕生，無法融入不認識的人的圈子內↓在圈外也無所謂！就保持原本害羞的個性，由衷祈禱「希望能夠成為那些人的同伴之一」，當個面帶笑容、態度謙和的人。

・口才不佳，完全不懂得如何說笑話↓不開口也沒關係！只要偶爾點點頭回應，或偶爾提出問題，樸實木訥地傾聽就好。

・對自己的學歷感到相當自卑↓定睛在比自己學歷高的人身上，並為能與他們在同一個賽場裡較勁而感到幸福，不設限地想像。

・動作總是慢吞吞，令人感到焦躁不已↓花點心思盡可能做好事前準備、比別人早點開始行動，讓自己的表現看起來更沈穩冷靜。

・缺乏知識和話題↓千萬不要不懂裝懂。聽到自己不懂的話題，就直接說：「告訴我嘛！」用謙卑的口吻表現出，自己對凡事都充滿了好奇心。

各位覺得這方法如何？想想自己的缺點吧！不要刻意隱藏，讓這些缺點成為武器，反而能夠讓自己成長。

就如同這位，從原本怕生害羞的個性中，孕育出高貴有涵養的魅力；從口才不佳，變成提問高手。將因學歷感到的自卑感，轉化成奮發向上的動力。

而雖然行動依然慢吞吞，但至少已經能讓人看起來感到放心，不再令人感到焦急不已了；因為覺得自己無知，也變得懂得透過和別人交談來增廣見聞。

沒能交到朋友的「孤單者」，雖然總有一些令人感到難以接近的缺點，但只要試著好好發揮，就能夠變成充滿魅力的優點。而那也不就是一種進步嗎？

若沒經歷過獨自一人的體驗，很難可以擁有這樣的時間。如果你現在感到孤單，那麼請好好抓住這個可以正視自己的絕佳機會。這麼重要的時間，要是哀嘆著寂寞，那就太可惜了！

給「孤獨」的一句話

懂得全世界卻不懂自己。

——拉封丹（La Fontaine）★，《拉封丹寓言》

★註解：
法國詩人，著有《拉封丹寓言》（Fables choisies mises en vers）。

誰害我變得不幸？

好討厭！好痛苦！好難過！好悲哀！好倒楣！好生氣！……讓我們不斷湧出負面情緒的事發生時，不自覺地就會有「我沒有錯！」這種想法吧？

我覺得，人類總有將自己的不幸、倒楣事怪罪在他人或自己所屬的組織、社會裡的傾向。

「沒能考上好的大學都要怪父母親的DNA不好！」

「工作會出錯，都要怪上司沒有好好指導！」

「我之所以會失戀，都要怪那個女人橫刀奪愛！」

「會為錢所苦，都要怪政局不穩！」

所有的事情都怪到別人頭上是很容易的，而且不需承認自己的錯，把事情推得一乾二淨，或許多少會感到輕鬆些。

另外，特別是身邊有很多馬屁精圍繞的人氣王，即使自己不這麼想，但周遭的人也都會主動安慰他：「這不能怪你啊，都是對方的錯啦！」主要就是希望能盡量讓這些人氣王心情好過一點。但這樣其實不妥，因為不就表示自己的人生被那些不相干的人控制住了嗎？

如果是因為自己的所作所為招來不幸、倒楣，至少還可以想辦法處理，但是將全部都怪罪給他人的當下，就已經變成無法靠自己的力量讓事態好轉了。如同上一章所述，別人是不會依照我們的想法行動的。

話說回來，如果是因為別人造成自己發生不幸、倒楣的事，難道不會覺得很懊惱嗎？無論遇到多麼厭惡的事情，就算明知道那些都是別人造成的，也要自己一肩扛起，負起責任，讓所有的事情逆轉到好的方向去。我個人認為，這也是人生成長的一環。

有一句話叫作「他力本願」，原本在佛家來講，意思艱深，簡言之就是「凡事都依賴他人力量達成願望，自己卻不做努力」的意思。只要不順己心，全都怪罪到他人頭上，這正是「他力本願」的生存方式。可這樣不但只會讓自己喪失積極向前邁進的奮鬥意志，也會導致無法靠自己開啟人生道路。

正因如此，「孤獨」更顯重要，因為它能夠讓我們擁有挑戰凡事憑己身之力克服的生存意志。

目前我就遇到一位以「自力更生」為目標努力著的人。據說，以前的他就是把所有事情全都怪到別人身上，但卻不自覺，總是向朋友訴苦：「我真的很倒楣！為什麼身邊的人總是要來干擾我呢！大家都罵我到底在幹什麼——！但我明明什麼事都沒做呀！」要不然就是經常遷怒旁人。

某日，他的同事以開玩笑的口吻跟他說：「要是這次我們負責的企劃案失敗，該怎麼辦呢？依你的行事風格，會說都是認同這份企劃案的公司的錯吧？這可不太好啊……我們要好好負起責任啊！」

這句話果然就像一根釘子狠狠刺進他的心，讓他想逃也逃不了。與此同時，他才發現，把過錯推到別人身上，等於放棄了自己的責任。

之後，每當他內心又湧出想要怪罪別人的念頭時，便會對自己說：「誰都沒錯！」因此，他開始能夠冷靜地接受不好的事態，並且思考自己可以做些什麼才能使狀況好轉。

現在的他已經能帶著燦爛爽朗的笑容跟我說：「當事情發生時，重點並不是要急於把所有的錯都推到別人身上，而是應該要想想自己可以怎麼做，才能有轉圜，對吧？雖然仍繼續朝這方向努力中，但我已經能感受到，如果將不好的事情視為自身的行為所致，似乎比較不會感到焦躁不耐煩。

不去刻意對自己說：『誰都沒錯！』而是要自然而然地擁有這樣的想法。對此我還在努力啦！」

依賴別人之前，先好好發揮自己本身擁有的力量吧！是否能「轉禍為福」，全都操之在己。

對工作有益的「孤獨力」

工作最重要的，莫過於要發揮自問「我能做什麼？」、「我喜歡怎麼樣的工作？」並且能夠答出「就是這個！」的思考能力。

當然，練就一身萬能的能力也是必要的，但不能是「得過且過」或是「沒有擅長也沒有不擅長的」，否則可能就會淪為「跑龍套」的角色。

而凡事都以無所謂的半調子處事態度來面對，將難以充滿自信並致力完成工作。即使好不容易機會到手，也會退怯說：「這對我來說有點……」不如換個態度想，就算事情多少有些棘手，但找出一、兩個「就在這裡賭上一把！我絕對不會輸給任何人！」像這種對自己充滿自信的能力，才是能夠在這滿是競爭的社會中勝出的、最有利的方法。

不需要想得太困難。「我比任何人都擅長製作簡報」、「我擅於交涉」、「我有自信沒有人會討厭我」、「要比細心、貼心，我是不會輸人的！」只要找出像這些小小能力即可，再想想能夠使用這些能力來做些什麼，就能開啟無限的可能性。

我有一位朋友也是憑著「就是喜歡整理」這點成為文書處理專家，還在日本全國企業裡擔任顧問一職。

此外，不知是否因為日本人自古以來就將「以和為貴」視為美德之故，凡事總是迎合旁人，導致每個人獨特的性格都被埋沒了。

然而，有時不要害怕被孤立，「就算大家反對也無所謂，還是要說出自己的意見」，保持這樣的姿態很重要。

即便無法有共識也沒關係啊！只要將視野放在下次的機會，然後想想「到底要怎麼做才能說服大家？要如何改善才能想出更好的企劃？」就好。

不斷重複這些動作的同時，周遭的看法一定也會跟著改變，也能夠磨練出持有不同意見的個性，就是所謂的個人風格。

作家遠藤周作曾說過：「請愛護怪異的人。」那是因為，「性格乖僻或被周遭認為特立獨行的那群人，內心一定藏有寶石！」

不要害怕自己和別人不一樣，要瞭解自己是世上獨一無二的個體。簡單來說，就是要帶著「孤獨力」好好認識自己。如此，必能發現自己內心裡的寶石。要是沒有「孤獨力」，那塊難得可貴的寶石也無法散發出耀眼的光芒了。

我想，能夠發現這塊寶石的人，便已取得邁向成功的門票。

給「孤獨」的一句話

沒有孤獨，無法有所成就。

——畢卡索（Picasso）

孤獨力就是成功力

「高處不勝寒。」

這是某社長曾說過的話。應該也是說，無法忍受孤獨的人，是無法立於眾人之上的吧。

領導者的工作，就是以「透過能夠對社會或人類有所貢獻的事業，讓公司不斷成長、進步」為目標，讓組織動起來，有所成果。而不管成功或失敗，都必須有將責任一肩扛起的覺悟。

領導者必須以公平客觀的立場選用優秀人才，並捨去不需要者；不屈服於眾多反對意見，貫徹自身信念；為了讓每位員工都能盡其最大能力發揮優點，適才任命；努力聽取員工卓越的意見、提案等等。所以，守株待兔的機會主義者，或是老看旁人臉色行事等等的那種人完全不適任領導者一職。

正因如此，上位者都很珍惜「一個人的時間」。在聽取了眾多意見後，得獨自思考、判斷才行。特別是在擬定公司經營策略方針等時候，也是孤獨的——「自己下決定」，這就是上位者的職分。

所有成功的經營者都異口同聲道：「成功的條件就是做沒人做過的事！」而這樣成功的商業企劃也是在孤獨的時間裡孕育出來的。雖說，「最後下判斷的是自己」，但和總是自我中心、擅自行事、只追求己身欲望的利己主義是不同的。利己主義完全和「孤獨力」無關，不過是自私罷了。

企業必須要對顧客和員工的幸福有所貢獻，所以要規劃出的藍圖是能得到多數人認同，取得成功，進而讓與這企業相關的人們也都能變得幸福。

也就是說，若無法懂得「人心」，這企業就無法成功。而所謂懂得「人心」，也可說是「瞭解自己」的另一種說法。只有擁有「孤獨力」的人，才能夠理解「人心」。

由於過多的企業在蔑視「人心」、破壞自然環境，還將人類的生活暴露在危險之中，一心追求私利的結果，就是遭到痛擊、反撲，以至大家現在都說「共存思想」非常重要。而其實，這個道理不論在社會上或在個人身上都可通行。

我認為，能夠珍惜、重視「人心」，擁有以愛對待的社會和大自然的「孤獨力」就是成功的原點。

你能夠創造奇蹟

「自力更生」也就是不依賴他人，自己面對困難。雖然很辛苦，但是擁有這種態度者，才會成為別人主動想伸出援手幫忙的對象。這種說法或許令人覺得矛盾，但就是如此不可思議。

試想看看，你會想幫助從一開始就不努力，從頭到尾只想依賴他者幫助的人嗎？應該會對這樣的人感到反感吧？心裡也會想說，「多少也表現出靠自己處理事情的樣子吧？」

比起這樣的人，當你看到單打獨鬥者，反而會主動想要幫忙，不是嗎？

是的，如果不將「自力更生」作為座右銘，並付諸行動，能夠協助自己的

「他人之力」也不會向自己靠過來。

大多數這種靠他人之力達成願望者，當事情無法順利進行時，會認為都是別人的錯；而順利的話，就覺得全是自己的功勞。像這種事事「以自我為優先」的人，任誰都不會想幫他一把。

反之，憑一己之力生存的人，當遇到不順心，會自己努力克服；若遇順流，則帶著感恩之意說：「都是託大家的福」。

這種人才是大家樂於幫助的對象，他們因為知道自己能夠做什麼，也明白單憑己身之力無法完成任何事情。

有個女性說：「我在孩童時期就已經體會到這個道理了。」她到底經歷過什麼事情呢？

「大概是小學六年級的時候吧……每當我一拿到零用錢就立刻花光光，想說有想要買貴一點的東西時，再請爸媽買給我就好。但沒想到，爸媽完全無意買給我，只對我說：『忍一忍吧！』我不禁在心裡大喊：『小氣鬼！』

可是小我兩歲的弟弟卻和我完全相反。即使他總是唸著想要買超貴的天體望遠鏡，卻從不會要求爸媽買給他，而是很努力地把零用錢一點一點存起來。

我覺得，他這樣是要存到什麼時候啊？這個大～笨蛋！但事實上，他的作法才是聰明的。雖然零用錢不多，但我弟仍存了大部分的錢下來，想要靠自己買下望遠鏡。結果我爸媽看到他努力存錢的樣子，就對他說：『你好棒喔！既然你真的那麼想要，就買給你吧！』

雖然當時我覺得我爸媽『偏心』，但也知道不勞而獲是不對的。當時我就學到了，不努力的人也不會有人想幫你的這個道理。」

原來如此……這真是一篇淺顯易懂的小故事。

人可以獨自生存，但很多時候也需要周圍的幫助。可就結果來說，基本上，還是得靠自身努力，而援助是伴隨自身的努力之結果而來的。

總之，靠人不如靠己。各位是否希望自己能夠成為在貫徹「孤獨力」的同時，也可以得到大家支援的那種人呢？

你擁有搜尋生存方式的天線嗎？

這回，我們先來聊聊連續劇。

我看了NHK從二〇〇五年四月至十月播放的晨間電視小說連續劇《Fight!》後，深受女主角小優與孤獨奮戰的姿態而感動。

在此說個故事大綱，高中生小優因父親工作上遇到問題，全家人的關係因此分崩離析，和朋友之間的相處也變得不太好，而陷入煩惱的深淵。再加上，她因為受傷，不得不放棄了自己最喜歡的手球，最終完全看不到自己真正的目標和夢想是什麼。

其中，讓她感到最傷心的就是友情問題了。她被死黨傷得很重，甚至遭到排擠，嚐盡了孤寂。但之後，換成了小優來傷害她的死黨，使得那個好友孤立無援。雖然這讓小優一直感到愧疚與不安，可她卻也害怕著再次變成孤單一人的狀態，所以仍是未能重拾這段友情。此時，小優也和大家一樣帶著手機，不斷地互傳簡訊、和朋友一起去自己完全不感興趣的卡拉ＯＫ唱歌，勉強自己配合大家。

然而，小優終究無法忍受與朋友之間互相傷害，於是從某一天起就不再去學校了。在那之後，場景就換到小優媽媽工作的旅館和馬廄裡，小優尋夢的故事也就此展開。

以結果來看，小優休學是正確的選擇。就是因為置身於沒有朋友在旁的狀態，才能夠正視自己真正的心意，並且可以盡情去煩惱、迷惘。

在決定自己的未來時，「能夠仔細反覆思考自己想要做的事」這樣的獨處時刻是很重要的。否則，一不小心就有可能受到旁人影響，再次陷入——

「大家都以進入大公司為目標開始找工作，我也這樣做！」

「大家都要結婚了，我也快點找個好對象結婚！」

「大家都在為提升自己能力進修，我也這麼辦吧！」

「大家都是飛特族，那我做這個也可以啊！」……等行為模式。

不過，這樣的話，「我到底在做什麼？」的空虛感遲早都會襲擊而來。

「明明是自己的人生，但好像沒有身在其中……」當無法感受到活著的真實，就有必要像小優那樣，試著讓自己孤獨一次看看。

不認真好好面對「自己將來到底想做什麼？」的難題，是永遠得不到答案的。反之，只要思考，答案就會出現。

為什麼呢？

因為，能夠透過日常生活中的「原來我喜歡這一類的東西呀！」、「原來我適合這一方面的工作啊！」又或是「這一類型的話，我也能不厭其煩地集中精神，持續努力下去！」等情況，來發現自身的喜好或擅長的部分，從中考慮是否可以與職業結合。

或者說，有時候可能會因父母親或友人說「你在這方面真的好厲害喔！」之類的一句話為契機，而找到自己適合的工作。就是由於「隨時都在考慮將來的事」，無意之中便為自己安裝了「尋找生存方式」的天線。

我有位朋友的女兒也是經過一番思考後，某日突然驚覺自己「光是切菜就覺得很幸福」，而找了一份負責養老院內餐飲的工作。

她原本是一般的粉領族，但就在上班三年後、二十三歲那年，發現——「這並不是我想要做的工作」。於是，她決意辭去了辦公室的工作，自己一人好好地思考未來一段時間。

聽說，她還跟公婆說：「我父母和朋友都跟我說：『好不容易找到工作，就這樣辭掉很可惜。』但我認為，這不是問題所在。因為是自己的人生，所以要自己決定想做的事。為了要和以往總是受到周遭影響的自己訣別，我才會下定決心不留後路，重新思考自己的人生。」

如果有「一個人徹頭徹尾地思考未來」的時間，就一定會開創出一條自己發光發熱的道路。這點，我可以向正在為將來感到徬徨不安的你掛保證！

給「孤獨」的一句話

所謂的才能，就是相信自己本身，相信自己的力量。

——高爾基★，《底層》（The Lower Depths）

★註解：
俄羅斯作家，《底層》為其劇作。

從失戀的孤單振作起來

一般人似乎都會認為，喜歡獨處的人不擅長與人來往。但真的是這樣嗎？我倒持相反意見。我想，「獨身者」是習慣聽從內心聲音來行動的人，所以他們其實很～懂得傾聽別人的心聲。

也就是說，他們擅長運用親身經驗去想像別人在任何狀況下的心情。

而「獨身者」最能瞭解的，就是別人內心的傷痛。因別人無心的一句話而受傷、遭到同儕的排擠、無法順利表達自己的想法、交不到朋友、和心愛的人分手、遭到所信賴的人背叛……他們切身瞭解，當人際關係中遇到這些令人感到難過的事情時，會有多麼痛苦、難受、悲傷、寂寞。

所以，他們也知道此時該如何對待那些內心受傷的人，才能讓他們感到輕鬆些，或是如何讓已經難過到無以復加的人們，能再度挺起腰桿，重振精神。

這個道理一言以蔽之，就是我們常聽到的，「有過相同經歷的人，才能夠感同身受」。譬如說，這幾年相當嚴重的花粉症。對罹患花粉症的人而言，真的是很痛苦的事。鼻子癢、鼻水又流不停、眼睛還會充血痛到紅通通的、頭腦昏昏沉沉地無法集中注意力、精神渙散，這些症狀都會持續二～三個月，真的是很可憐。

但沒有花粉症的人是完全無法瞭解那種痛苦，還會嘲笑他們戴了口罩就像尖尖的鳥喙，又或是看到花粉症的人痛苦的模樣，以責備的語氣道：「太誇張了吧？這有什麼好憂鬱的呢？」

就是由於無法想像他們的痛苦，才會這樣冷漠吧。

內心的傷痛也是如此。對於有些人來說，很難想像那些狀況下的心境，因為他們並不瞭解與人交往時所嚐到的辛酸，或是遭到排擠而孤立無援的感覺。因此，我個人認為，「獨身者」具備了在人際關係中「想像對方的心情後再行動」，這種最重要的能力。

因體驗過許多的獨處時間，孕育出了能夠明白人心深處傷痛的「溫柔」，這是非常難能可貴的秉性。

在此，再與各位分享一段故事。這是一位編輯與我分享「她深受感動」的故事。

這是在她因失戀而陷入低潮時所發生的，那時身邊的朋友都很擔心她，常常會約她去唱卡拉OK，狂歡一下，或是向她伸出援手說：「把心裡所有的思念，全都丟過來吧！我會好好聽你說的。」想盡辦法要讓她走出失戀的傷痛。

然而，事過境遷，她認為那些其實是令她覺得感恩但卻困擾的幫助。

「他們拚命為已經難過到食不下嚥的我打氣，我很感謝這份心意。但當時，我真的完全沒有心情跟朋友去狂歡，或聊天抒發心情。每次都在心裡不斷吶喊：『不要管我啦！』……。

就在那個時候，編輯部裡一位大家眼中的『孤傲』女上司遞給我好幾張CD，並對我說：『來，你的藥！』裡面還附上了一張名為『處方籤』的紙條，寫著：『只要重複聽歌詞本裡有星號的那些歌就好』。仔細一看才知道，那些全都是失戀的歌曲。

當下，我只覺得這個人神經也未免太大條了吧？但聽完之後，真的覺得很棒。邊聽邊把所有的感情都融入歌詞內，然後盡情大哭一場。就那樣不斷重複幾次之後，心情也慢慢轉好。

幾天後，那位女上司對我說：『失戀時，自己一人狠狠大哭一場，就是最好的療傷方式。』她並沒有巴著我問失戀故事，也沒有說任何為我打氣的話，但我卻能實際感受到，她是最懂我當時心情的人。」

看來，那位女上司應該也是自己一人學習到，從失戀的孤獨中重新振作起來的方法吧。到底要如何重振就要萎靡的精神呢？

我想，這只能靠自己去想、去實踐才能夠得到答案了。

能夠獨自行動的人從親身經驗中知道了治療寂寞的方法，並且將這樣的經驗釀成了體貼，來對待擁有相同傷痛者。

看到別人心情沮喪，就只想一股腦兒地為他加油打氣，是思慮不周的。也可以說，他們並不瞭解寂寞為何物。

從一個人克服寂寞的親身經歷，來察覺別人當下的狀況後再行動，擁有這種「孤獨力」的人才能夠建立深厚且穩固的人際關係。

給「孤獨」的一句話

倘若所有女性都有著相同的面孔、相同的性格、相同的內心，男人不但不會外遇，甚至連戀愛也不會想談了。

——卡薩諾瓦（Casanova）★，《回憶錄》（Histoire de ma vie）

★註解：十八世紀的義大利風流才子。

磨練出讓人幸福的感性

在世上有所謂「潮流」這種東西，舉個例子，就是以韓劇《冬季戀歌》為開端的「韓流」，或是源自於美國、聲稱能夠維持並持續與生俱來的健康，被稱為「樂活（LOHAS／Lifestyles of Health and Sustainability」的生活型態之類。

我想，讓大多數的人們熱衷的「流行事物」裡，是有其專屬的魅力的。對於社會脈動敏感，實為磨練感性的重要元素，所以懂得搭上潮流也挺不錯。可是，如果自己對於潮流並不熱衷，那也無需勉強跟上。

「但聽不懂朋友們的話題，很痛苦耶！」

「跟不上潮流，很遜耶！」

「我不想被別人認為，我是個缺乏好奇心的無知之人啊！」

請不要有以上這些想法，反而更應該要抬頭挺胸、大大方方地表明──我完全不感興趣，也沒有任何感覺。

對自己來說，即使那件事物讓成千上萬的人都有興趣，但卻絲毫無法為你帶來快樂。若把時間耗費在追那浪頭，是很可惜的。

熱衷於某項事物、或是因為某物而激起了好奇心，或是為何而深受感動等等，都因人而異。然而，若只是因為聽到有人說「好感動喔！」就認為自己也非感動不可；又或是大多數的人都大讚「好好玩喔！」自己也要覺得有趣才行的話，那就只是毫無意義的努力罷了。

譬如，只有在看世界盃足球賽時，才會成為足球迷；只是為了想說「我也看了」，就跟著大家看韓劇；為讓自己看起來跟得上潮流，就執著於名牌……等等，沒有自己的想法或感受，是非常膚淺的。

而反過來看，對於自己熱衷的事物，也請別對他人做出無理的要求，像是說：「咦？你還沒用過拍賣網站？這樣不行喔！真的很好玩喲！如果不試著接觸，活著還有什麼意義啊？」、「什麼？你不看日本電影？這樣不行啦！現在日本電影正夯耶！這部、這部、還有這部，你都沒看，就稱不上是日本人了喔！」應該有不少人會說這類的話吧？

雖然我能理解那是想要和別人分享內心的感動，但我們不能將自身喜好強加在他人身上。

若希望有人聽聽自己的分享，只要真心誠意地將那份感動傳達給對方即可。感興趣的人就會聽你的分享，而與擁有共同感動的人分享才是合理的。

無論是被旁人的感覺左右，還是將自己的想法強加在他人身上，都無法磨練自身的感受力。

換句話說，那些總是想和別人一起熱衷於某件事物者，便是不擅於自己行動、對自己的感性也沒有自信的人。

當好奇心蠢蠢欲動地發現某些事物、或是遇到直覺感受到「真好！」之類的邂逅時，不管是否有對象可分享、身旁是否有人陪伴，都能沉醉於那世界裡，這樣不僅能夠讓自身的感性更加敏銳，也能度過發自內心真正覺得愉快的時光。

一生的時間有限，所以要盡可能過讓自己真正覺得快樂的生活。擁有「孤獨力」的人，肯定能夠做到這點。

試著笑看不幸的自己吧

「以不幸而自滿」的人在這個社會上越來越多了。

巷弄內的咖啡廳、餐廳或是酒吧裡，會看到數名女性靠在一起說：「聽我說啦！我真的很倒楣耶！」感覺就像是在說「不幸的人很偉大」，每個人都一臉嚴肅地談話，看起來很痛苦的模樣。

這現象不是只有女性之間會如此，男性也一樣，刻意地想把自己的不幸說出來的大有人在。我猜，他們應該是希望別人知道自己的不幸後，能得到別人的理解，藉此將內心因不幸而裂開的大洞填補起來吧。

的確，碰到不幸或倒楣事時，要是有個對象可以訴苦，或許就能卸下心中的重擔。

在我們診裡，很多病患一進診間就不顧一切地把所有的抱怨、不滿或是煩惱全數說出，感到舒暢之後就回家了。因此，「以不幸而自滿」也不能說一定是不好。

只是，所謂的「以不幸而自滿」，如果是聽者那方，會覺得蠻鬱悶、蠻討厭的。雖然有句話叫「幸災樂禍」，但那或許也僅限於一開始，大家會帶著好奇心想聽聽別人到底發生什麼事情的時候吧。

然而，次數一多，每次見面都得被迫聽一樣的事情，老實說，心裡應該會覺得：「別把我捲入你自己的不幸裡啦！」對吧？

我所佩服擁有「孤獨力」的人，是指那些會先把自己的衰事消化掉，再扮成丑角，以說笑的方式表現出來的人；是能夠把那些倒楣事變成笑話說出來之前，不會「以不幸而自滿」，獨自消除掉煩惱的人。這可是高難度的技巧。

簡而言之，因為要變成笑話，就得一定要替不幸或衰事以幸運來調味才行。具體來說，要先一個人好好地將自身的不幸玩味一番，也要冷靜客觀地仔細想想，是否有需要反省之處，今後該怎麼做才能將這樣的不幸洗刷掉，挽回自己的幸福等等。

消化過不幸或衰事後，再找出能夠讓自己認為「這樣的不幸對人生有益」的要素。最後，將一連串發生的事轉化成「笑話」，畫下完美句點。

最重要的，是別把自己當作悲劇主角，當你老是覺得自己很可憐，就永遠無法從不幸或衰事振作起來。

如果能夠將整個過程好好消化、吸收，即使碰到類似「因為找到新工作，就把現在的工作辭掉，沒想到新公司在我去上班之前就破產了！」這種倒楣狀況，也能夠轉化成像以下這樣的笑話看待——

「上一份工作已經圓滿畫下句點了。前同事們還送花給我、祝福我說：『祝你下一份工作飛黃騰達』。但他們送給我的花還沒凋謝，我下一份工作的公司就先破產了耶！我的幸福比花還短命啊！

雖然大受打擊，但選上這樣的公司，也只能怪自己沒好好看清楚。所以呢，現在只好一邊領著失業津貼，一邊把家裡窗戶的玻璃全都擦得亮晶晶。就是托沒有工作之福，我擦玻璃的技巧精進不少，連自己的眼睛應該都能擦亮了。下次找工作一定沒問題！」

如何？比起說「真不該辭掉上一份工作的！」、「明明業績都不行了，還敢徵求新員工，真不懂這間公司在想什麼！」或是「前同事一定都在背後笑我吧？」等等之類的怨言，不覺得以輕鬆的角度來看待，這樣更酷嗎？

當聽者聽到當事人在自嘲，也比較不會煩惱應該要說些什麼話來安慰，說不定還會認為，對方真是樂觀又堅強。

而且，能夠笑看自己所面臨的問題，同時旁人因你的自嘲而笑呵呵，自己的心情也會從沮喪低落中振作起來。要是老說些飽含怨恨的話語，「以不幸而自滿」，頂多也只能得到大家的同情安慰而已。但是，「笑容」卻能使自己得到面對殘酷現實的力量。

然而，若心情低落時，只會不停哀嘆自己怎麼那麼衰而不去省思，縱使煩惱也無法重振。這種時候，自嘲的笑話便會失去意義。

當省略了「省思」等過程，自嘲只會變成一則空洞的笑話，也讓自己變得吊兒郎當罷了。要注意喔！

給「孤獨」的一句話

我想，若是沒了自我憐惜的這份奢侈，應該會遇到相當多無法承受人生這玩意兒的時候吧。

——吉辛（Gissing），《四季隨筆》（The Private Papers of Henry Ryecroft）

CH 03

孤獨的內心柔軟操

CHECK！我最愛的就是自己

要成為擁有「孤獨力」的人，最重要的，其實就是要先讓自己能夠大大方方，並且抬頭挺胸說出：「我最愛的就是自己。」

無法愛自己的人無法得到幸福。誰會去愛一個不愛自己的人呢？

然而，沒有意識到「孤獨力」且不成熟的人，大多都是「無法愛上自己」的人。這些人老愛提自己缺點，自卑地認為：「就是因為這樣，我才會一直都孤單一人。」總是鬱鬱寡歡、沮喪不已。

但這樣可不行，只會失去了自我罷了。那麼，到底該怎麼做才能愛上自己呢？在此提供一個我的珍藏祕方吧！

請試著將自身的優點列成清單。每當我推薦這個方法時，不成熟的「孤單者」都會立刻反駁：「我要是有那麼多優點，就不會討厭自己了呀！除了缺點，其他都想不到啦！」

但其實，優點與缺點幾乎是一體兩面，所以這論點真是大錯特錯。例如，一般都認為有「行動力」是優點，但換個角度來看，則會變成「思慮不周」這樣的缺點。

另外，「優柔寡斷」雖是缺點，卻也可將之視為「行事慎重」來發揮。因此，要列出自己的優點是很簡單的，把自己認為是缺點的個性，稍微轉換個視角，就能看作優點。

我曾經試著使用這個方式來轉換一個擅長（？）挑自己毛病的女性所認為的缺點。

她描述了她自己的性格如下：「我很沒耐性、易怒，總是感覺焦躁不安。而且很頑固！常常跟別人起衝突。可是我又不擅長表達自己的想法，想說的話常常連十分之一都說不出來。不僅如此，我也很小心眼，一跟別人起衝突，心情就會變得沮喪、悶悶不樂。因為不擅社交，也沒什麼朋友。」

感覺上是一連串的缺點，但換成優點來表現就會變成：「我個性直爽，不喜歡拐彎抹角。自始至終貫徹自己的想法。雖然常常因為這樣與別人起爭執，但要表達自己意見的時候，也會貼心地考慮慎選不傷害對方的說法來表達。因此，意外發現自己心思比較細膩，每當和別人起衝突，就會好好反省自己。我交朋友重質不重量。比起在意交情深淺這點，我更珍視每位朋友，希望跟大家都能建立穩固的友情。」

換個角度來看待，整個感覺都不一樣了吧？當那位女性朋友聽了這番「轉換過」的說法後，也開心地說：「看來我的個性不是那麼糟糕耶。」

雖然無論怎麼換句話說，缺點還是缺點，但如果能夠想「缺點也一定有好的一面」，討厭自己的感覺也會減少許多。同時，希望能努力把缺點變成優點的動力也會隨之而來。

某位經營者曾說：「要增強工作能力，就要分析成功要因。如此一來，就能好好發揮自身的優點。當然，分析失敗的原因也是必要的。只要能做到這些，就可以培育出只屬於自己的能力。」

人的個性也是如此。

分析優點比分析缺點更為重要，好好思考如何發揮這些優點，就能夠孕育出富有特色的性格了。

請讀者務必試著找出自己的優點。然後，抬頭挺胸，大聲說出：「我最愛的是我自己！」

想要擁有「孤獨力」，就從這裡開始第一步吧。

給「孤獨」的一句話

要是完全沒有自我感覺良好的想法，那這世上也就沒什麼樂趣可言了。

——拉羅什福柯，《道德箴言錄》（Maximes morales）

給自己一個「休息時間」

沒有任何時間比一個人獨處的時間還要自由了，這是唯一不需要顧慮任何人、可以隨心所欲的時間。

只要覺得自己是「孤獨一人」，就會想要找伴，而在這個可以自己一個人「獨占」的重要時段，只是抱膝在那邊自怨自哀而虛度光陰，不免可惜了。

換個想法看看吧——「這是我能夠獨處的時間！」如何？這樣內心一定能感受到有如解放般的舒暢。

我們在一天當中，大部分的時間幾乎都是跟很多人一起度過的。無論是在學校或在公司、在街上或是前往購物的商店裡、在餐廳或咖啡廳、與家人一起生活的客廳裡，不管在哪裡都很難有自己獨處的時刻。

所以，這些時候必會在意旁人的眼光、聊天時也會顧慮對方的心情與想法、工作時提醒自己不可以破壞團隊精神等等，做什麼都無法隨心所欲，無法從周遭的干涉中找到自保的防身術。

光是那樣，內心早已疲憊不堪了。所以，若不給自己一個「能夠獨處的時間」好好療癒內心的疲憊，可憐的只有自己而已。不要將寂寞變成壓力，要放鬆心情，悠閒自在地好好享受。

我本身最喜歡「能夠一個人獨處的時間」，特別珍惜可以坐在那張我非常喜愛的、來自蘇格蘭北方奧克尼（Orkney）群島的椅子上，看看書、想想事情，愉快地度過寶貴的時光。讓什麼孤寂感都毫無任何趁虛而入的機會，身心都沉浸在自在狀態裡。

各位年輕朋友們想做的事、喜歡的事應該多得像山一樣高吧？

我的一位女性友人說：「我喜愛跟著音樂盡情舞動。」反正沒人看，就算跳得很爛也沒關係。

她說，拋開一切，沉浸在想像自己是舞者的氣氛中感覺很棒。

享受一個人的時間，還有「搭配舞蹈手勢熱唱演歌」、「喝著紅酒，收集著能夠讓自己擁有淵博學識的資料」、「翻閱古書」、「翻出衣櫃所有的衣服，走一場個人服裝秀」、「狂看喜歡的電影」、「雙手拿著加油棒，觀看棒球或足球等運動」……等各式各樣的方式。

只要一做喜歡的事，就會不知不覺沉醉在那個世界裡，完全沒多餘的時間去感受「寂寞」之類的東西。而且，喜歡的事就像營養劑能讓身心都充滿活力。

「孤獨『成癮』後，就會成為一股力量。」這句話完全正確。

話說回來，不論是看書或看電影，大家不也都是一個人嗎？如果和很多人一起做這些活動，反而會因為太吵雜，無法集中精神。而且，當看到一部好戲，感動得快要流下眼淚時，怕被旁人看到而忍住不哭，不是很掃興嗎？只有在「一個人獨處的時間」才能夠放縱自己去做喜歡的事。所以，好好地、盡情地享受吧！

成為派對達人

有不少人不喜歡像派對那種聚集很多陌生人的場合。但擅長交際的人，不管對象是誰，都能輕鬆交談，並度過愉快時光。

但若是非常怕生、內向的人，就會不知所措了。通常，這些人都只能邊想著「只有我自己是孤單一人。好無聊！不想待在這裡！好想快點回家。」等著時間一分一秒過去。換句話說，就是當「壁花」。

以我自己為例，除了每天以精神科醫師的身分到診所看診之外，也加入了日本筆會★、日本旅遊作家協會等各種團體，出席聚會的機會也因此相當多。在那些場合上，常常可以看見有人獨自躲在會場裡的角落。

看得出來，他們感到無聊或孤單。然而，也有能夠輕鬆自在地待在會場一旁的人。同樣都是「一個人」，但有些人看起來就是有著悲戚感，卻也有一些人是散發出優雅且堅定的存在感。

到底為什麼會出現這種差異呢？

為此感到不可思議的我，以前曾問過一位樂當派對『壁花』的女性：「不會感到寂寞嗎？自己一個人有什麼好玩的？」

她回答說：「我好不容易才克服了寂寞，其實到現在我還是不喜歡參加派

★**註解：**

為國際筆會（PEN International／International PEN）的日本分會。「筆會（PEN）」一名取自於Poets（詩人）／Playwrights（劇作家）、Editor（編輯）／Essayists（散文家）、Novelists（小說家）等字字首縮寫而成。「筆會」是一個世界性非政治、非政府的作家組織。其宗旨在於促進世界各國作家間之友誼與智力合作，無論國籍、語言、種族、膚色或信仰，所有作家皆可成為「筆會」分會會員。

對，所以要是沒有任何目的，我不會出席。

換句話說，我是有目的才出席派對。好比說，想聽主辦單位的演說、想要享受美食、想感受一下聚集在會場裡的人群所醞釀出的現場氣氛、又或是想穿某件衣服參加派對……等等。

當找到一個明確的目的來出席，在會場裡非得要跟很多人交流才行的既定觀念也會消失，這樣就會覺得，即使自己一人也無妨。

就算是勉強自己跟別人聊天，也僅限於當下的交際應酬，隨著派對結束，也就跟著畫下句點。所以，就不會再特地做一些無謂的努力。

而且，也不會因為當『壁花』就交不到朋友喔！有時也有同為『壁花』的人靠過來啊！這應該就是所謂的『物以類聚』吧？

因為終於找到聊天對象，所以不知不覺地就會一～直談天說地等等。而這種狀況下，才是可以建立穩固且深刻人際關係的契機呢！」

如她所言，一提到派對，大家都會想到那種樂於到處發出名片的人，但卻很少聽到他們因此得到重要人脈。相反地，是壁花比較能夠建立起少數卻精銳的人脈。

雖然到各種不同的地方，多少能擴大交際範圍，但若只是淺談之交，不過就是「群體裡的一人」罷了，很難再進一步發展到平常都能保持聯繫的關係。

如此看來，在派對上當壁花也沒什麼不好。不妨試試如這位女性說的：

「今天要趁這個機會好好大啖美食一番！」

「今天參加的好像都是帥哥美女級的人物，就靜靜站地在一旁，看個過癮吧！來做個排行榜也不錯。」

「就穿前陣子買的新衣服去參加，當今天派對上最耀眼的壁花！」

利用這些有別於以建立人脈或交朋友的其他目的出席派對，好好享受獨自一人的充實感吧。如此一來，會意外地發現參加派對比想像中來得有趣，還能創造出不侷限於當天會場裡的、真正的人脈之可能性也會提高喔！

給「孤獨」的一句話

最舒服的地方莫過於獨自一人的床鋪。

——西賽羅（Cicero），《給阿提庫斯的信》

一個人笑笑也很好

「即使放個屁／也一點都不好笑／獨自一人時」

雖然是有點粗俗失禮的開頭，但當看到這句江戶川柳★時，我還是不禁笑了出來。

「放屁」這件事確實能使人發笑，但如果是在獨自一人居住的房間裡發出「噗」的一聲，應該也毫無樂趣可言，一點也不好笑吧。原來，從這樣的事也

★**註解：**
日本詩的其中一種，與俳句一樣，按照五、七、五順序排列，共十七個音節。內容以一般日常會話為主。沒有季節用語等用詞限制，比較自由，多用於表達心情，或者諷刺政治或時事。

能感受到一人生活的孤寂。

沒錯！無論如何，獨自一人的生活中比較容易欠缺的就是「歡笑」。如果有其他人在，會彼此互相影響，即便不是那麼有趣的事情，也常常可以笑得東倒西歪。但如果獨處時，就不會那麼容易笑出來了。像是，原本想煮飯的，但忘了插電；錢包明明拿在手中，卻拚命到處找錢包。就算自己做了什麼好笑的糗事，但身旁卻沒有會因此而笑的人，也就不覺得有什麼好笑了。

而且，在看電視或雜誌時，看到會不自覺笑出來的地方，聽得到的也只有自己的笑聲而已。這時，似乎多半是因為感受到回音中夾帶的空虛感，而誘發了孤寂。

或許也是因為這個緣故，電視台的綜藝節目等等會把工作人員的笑聲收錄進去，當成節目效果。這也可能是電視台希望，不讓單獨一人看節目的觀眾陷入寂寞，才製作的吧。

暫不管真實原因為何，但對獨自一人生活的人而言，最重要的就是「要為一人生活裡，添加不讓空虛感伴隨在其中的『歡笑』色彩」。

若不刻意做這些事，無論生活中有沒有「歡笑」，都會漸漸地受孤寂折磨。

那到底該怎麼做呢？最棒的方式就是為了找尋笑話題材，隨時保持一顆對任何事物都感興趣的好奇心。

一個人的生活裡可是有許多「笑料」的，例如類似以下這樣的事就很有趣：

・看著電視，享受大聲說出平常難以說出口的大膽發言的快感。
・聽著自己喜歡的音樂，洗完澡後，穿著浴袍體驗一場走秀的樂趣。

・穿上和服，在房間正中央擺個坐墊，體驗在茶會上搖頭吟詩的情趣。

・將炸豬排專用的特大肉片塞滿整個平底鍋油炸，一邊想著「我真是個幸福的人呀！」然後盡情地大口享用。

・接到推銷售人員的電話說：「請問是〇〇太太嗎？」就順勢假裝人妻的口吻應對，享受主婦的感覺。

・料理調味失敗時，可以沾沾自喜地說：「能夠享用到這種風味的料理，在這世上也只有我自己了！」

也就是說，任何事情只要刻意把它們想得很有趣，就會變得有趣。而且，只要想著「一定要找個機會跟別人說這些有趣的事」。那麼，「尋找趣事」的樂趣也會倍增。同時，還能帶來「一定要跟人家說這些事情，一起捧腹大笑一番」這種「後續的歡樂」，可以訓練自己說笑話的功力呢！

美國的實踐心理學家威廉．詹姆士（William James）說過：「不是因為快樂才笑，是因為笑才快樂的。」

就如同這句話，不需要理由，試著笑看自己吧！但若覺得只是為了笑而笑有點淒涼，就先把自己當作是時下最紅的搞笑藝人，再跨出第一步，如何？

這樣一來，心情一定能夠漸漸地變得愉快又輕鬆。

優雅享受一人餐桌的時光

一個人吃飯很無趣。

一個人生活時，往往都是到便利商店買個便當快速解決，或者是迅速做個簡單料理，完成後也不盛到碗內，而是整鍋直接端上桌吃，對吧？

就算是因為累了不得已才那樣做也一樣，從今天起，請把那些習慣改掉吧！否則，孤單的餐桌只會更顯寂寞。

倒也不是說每天都得精心製作料理，如果真的很忙，覺得煮飯麻煩，去買現成的熟食也行。即使是簡單的速食也好，只是建議各位在開動前多下點工夫、花點巧思。

現在是男人料理正夯的時代，所以這些方法不只建議給女性讀者，也非常推薦男性讀者試試，例如——

・將買來的現成熟食或便當加熱後，盛裝到自己喜歡的餐具來享用。
・偶爾選用一些比較高價位的食材烹調。
・利用桌巾或餐墊等將餐桌布置得更豪華一些。
・準備一道甜點，享用套餐式料理。
・在花瓶裡插上一朵花後，擺上餐桌裝飾。
・將室內燈光稍微調暗些，再點上蠟燭。

只要像這樣稍微花點心思準備，一個人的餐桌也會「很熱鬧」。

而在休假之類的閒暇時間，試著挑戰下廚親手做料理也很不錯。

料理是屬於一種創作型的工作，只要試著動手做，就感受到其中的樂趣。

不要總說：「又沒有要煮給誰吃，完全沒有意願下廚。」

自我讚美就好啦！只要想著即將要享用美食的不是別人，而是你最愛的「自己」，這樣就值得你下廚，大顯身手了。

料理是身心的營養來源。若沒有帶著幸福的心情用餐，就會糟蹋了寶貴的營養價值。正因為是一人餐桌，才更需要「熱鬧」。

以書為友的孤獨者特別迷人

某位朋友跟我分享了，他前陣子在咖啡廳無意間聽到隔壁桌看似是學姊學妹關係的兩個女孩聊天的內容——

「你都隨身攜帶字典呀？」

「嗯？這不是字典，是書啦。」

「好厚一本喔！什麼書？」

「佐藤愛子寫的《血脈》，一套三冊，這是第二本。」

「喔？看來，全部讀完大概要花上一輩子的時間呢！你真的很喜歡看書耶！」

「對呀！我最愛看書了。因為它們是我最重要的朋友！」

「書是你的朋友？會不會太寂寞了呀？」

「怎麼會？書裡面不是會出現很多人物嗎？他們跟我說很多形形色色不同的事情，而且還會告訴我一堆在這世上我所不知道的事情，一點都不寂寞啊。你不喜歡看書嗎？」

「我平常幾乎不看書，所以也說不上喜歡還是討厭。」

「那樣才寂寞吧！只要看書，就可以跟在現實生活中無法認識的人交朋友耶。像我，跟卑彌呼★和源義經★就像是好朋友一樣。而且，就算是窩在家裡，也可以到法國革命時期的巴黎、ＩＴ的發祥地矽谷、京都的百年老店等等各地去旅遊，真的很好玩喔！」

「聽你這麼一說，感覺不看書，好像損失重大的樣子。」

「是不是？看看書吧！在通勤的電車內看書，絕對比傳訊息還要有趣。」

雖然這是那位男性友人無意間聽到的對話，但我真的相當欽佩那位說出「書是最重要的朋友」的女孩，她說了非常棒的話。

在閱讀有趣的書籍時，就會沉浸在其中而忘記寂寞，就像交到知心好友那般。如同那位女孩說的，書裡有很多能帶領我們到未知世界的人，雖然無法直接和那些人交談，但那卻會是一場心與心的交流。

偶爾把自己扮成書中的主角思考或行動；與作者持有不同看法時，就提出異議；又或是透過登場人物之間的人際關係，學習與人交往的智慧等等，這些

★**註解：**

・古代日本邪馬台國的女王。

・源義經為日本人愛戴的傳統英雄之一。其生涯具傳奇與悲劇性色彩，許多故事、戲劇裡都有他的相關描述。

都是與現實世界不同，會令人感到雀躍不已、非比尋常的體驗。

純文學、推理小說、娛樂小說、歷史小說、寫實作品、傳記、詩集、散文……無論是哪一類型的書，裡頭都描寫著實際生活中擁有多樣不同價值觀的人所經營的人生。

換言之，透過閱讀書籍就能夠模擬、體驗各種多彩多姿的他人人生。

聽說，最近的年輕人出現「文字脫離★」的現象越來越嚴重，我想那是因為有很多人「不先閱讀就說討厭」的緣故吧。只要一開始閱讀，就能瞭解其中的樂趣。

請各位讀者也把書當成最重要的朋友，它必會成為各位取得幸福人生的精神糧食。

給「孤獨」的一句話

屋裡無書，堪比身體沒有靈魂。

——西賽羅

★註解：

意指在高識字率國家，書籍、報紙等文字媒體的利用率下降的情況。

己悅者容

某位老人看護中心的員工曾跟我說，即使已經是終年臥床的女性長輩，只要幫她化個淡妝、將頭髮梳理整齊，瞬間她的表情就變得相當有朝氣。

此外，幾乎沒有家人會來探望，也無法和看護中心裡的人親近，總是待在房間裡眺望庭院的女性長輩也一樣，當定期來為她們梳妝打扮的義工替她們裝扮一番後，多少都會變得更開朗、積極。

看來，無論到了幾歲，裝扮自己對女性來說，似乎是元氣的來源。但我想，男性也一樣，只要穿上西裝，整個人看起來就是神清氣爽、精神抖擻。

要是沒和朋友相約外出，孤伶伶地度過週末，就會整天穿著睡衣，待在家裡無所事事……大家應該都有過這樣的經驗吧？頭髮亂糟糟、臉也隨便洗一洗、一臉陰沉表情如烏雲密布，糟糕到無法見人。

或是，某個精神不佳的日子，睡眼惺忪，頭髮也沒梳整齊，順手拿起身邊的衣服換上後就出門上班去。應該也有過這種狀況吧？頭低到不能再低、彎腰駝背、心中默默祈禱著不要跟其他人有視線接觸。

大部分的人看到這裡，應該都在點頭回答：「有！有！」

不過呢，偶爾有這樣的狀況也無妨。只是，當自己正處於因孤寂而意志消沉，或心情沮喪時，這樣做是不妥的，只會讓自己的心思更加散漫怠惰。

雖然在那種日子會覺得做什麼事都很麻煩，但就是因為這樣才更需要振奮精神，告訴自己「至少外表也要打扮得體，穿上清潔整齊的服裝。」比平常更用心裝扮自己才行。

在低潮的日子裡，內心狀態會自然地從臉上流露出來，因此必須花點心思打扮打扮，讓別人看到自己充滿活力、神采奕奕的模樣。

女性們只要稍微上個妝，感覺就會像變個人似的；男性們只要配戴一條較華麗的領帶，或是把皮鞋擦得亮晶晶，稍微下點小工夫，整個人看起來就會變得非常清爽。

任何人都是「從外型得到元氣」的。所以，先整理一下整體外型，讓自己「就算是在精神不佳的時候，看起來也是精神飽滿」，也可說是一種不輸給孤獨的自己的習慣。

給付出努力的自己一個讚

無論是工作也好，興趣也罷，只要在某方面拚命努力得到成果時，得到別人的讚賞，會是一件令人感到很高興的事。

只是，事實上並非努力就能得到別人的讚賞。

「能做到那種事情，是理所當然的吧！」

「只能做到那種程度嗎？」

出乎意外地，反而會出現比較多這種較低的評價。

此時，多數人都會因此感到沮喪，難過地認為：「為什麼這麼努力還得不到大家的認同？為什麼得不到正面評價呢？」

但是，我個人認為，想要從別人口中得到讚賞的想法，本身就是錯誤的。並不是為了要得到誰的讚美而努力，而是為了達成目標，才盡己所能。

至於要不要讚賞你的努力，決定權也是在他人手上。所以，抱怨「得不到讚賞」這種說法本就是不合理。

雖然這種說法有些過分，但跟大家分享一件好消息吧！確實有一位能夠讚美並認同你的努力的人存在，各位覺得那個人會是誰？

那就是，真正瞭解自己有多麼努力的你本人。

先不管別人是否會給予評價，對於自己竭盡心力去做的事，經過一番努力，終於得到自己能夠認同的結果後，就先給自己讚美一番，如何？這樣對我們的心真的會有非常棒的療癒效果。

同時，還會更有精神與活力，並且告訴自己：「下次也要加油！」

說到這，讓我想起馬拉松選手谷川真理在接受報社採訪時，曾說：「我買了瑞士錶來獎勵自己這次能夠跑完全程。」據傳，可是一支價值高達百萬日圓左右的鑽石錶呢！

我已經不記得是哪一場比賽，但對她而言應該是獲得了相當大的成就感吧？我想，那支手錶也可說是她讚賞自己戰勝馬拉松這場孤獨競賽的金牌。

任何人心中都有一、兩個認為「好奢侈！但多努力一點，我應該也有能力購買」的高級品。當然，也有人是懷著「到國外高級度假村去轉換心情，放鬆一下！」或是「到頂級餐廳優雅地享受美食」之類的夢想。

將這些願望當成邁向成功的明確目標，我認為是非常棒的。至少，這比起只是單純想要，就用貸款的方式購買；或是為了抒發壓力而購買高價奢侈品等等，還要有意義多了。

「就由自己來給付出努力的自己讚美吧！」這是給在人生舞台上孤軍奮戰的自己慰勞，也是讓心靈豐富、充滿元氣的方法。

給「孤獨」的一句話

尋找朋友的人是不幸的。因為真正最忠實的朋友，只有自己。

——梭羅（Thoreau）

和討厭的人交流吧！

討厭那個人、也不喜歡這個人、不知道怎麼跟她相處、跟他合不來、就是無法喜歡那個人……大多數和別人合不來的人都是因為自己有很多「討厭的人」。因此，很容易就陷入「我沒什麼朋友，都是孤單一人」的感覺。

若要問為什麼會變成那樣，答案是因為自己在無意識中拒絕接受和自己擁有不同價值觀的人之故。如果不是與自己擁有相同價值觀的人，就無法安心地敞開心胸與對方交往。

不如先換個想法吧！先不刻意將「因為和自己價值觀不同，所以合不來」的人排除在自己的人際關係之外，而是把那「不同」視為「有趣」。如此，關於這個人的事情，就會心想：「他到底是怎麼想的呢？他的價值觀到底是怎麼樣的呢？雖然無法認同，但應該有其優點所在。到底是什麼呢？」進而開始對這個人感興趣。

想要多瞭解對方的那種心情，就是人際關係的起點。就從瞭解多樣化的價值觀這方面來看，先不管自己喜歡與否，我想無論對方是誰，應該都有值得試著認識的價值。

話說回來，正因為打從一開始就希望和對方成為朋友，或是希望對方和自己產生同感，才會覺得獨自一人很痛苦。但其實，這些觀念並不正確，我們應該以「不可能有和自己想法舉止都一模一樣的人」為前提，試著與人交往。

在感受他人與自己不同之處的樂趣時，也可以有享受一個人獨處的心之餘裕。即便無法交到摯友，但朋友人數增加，人際關係的範圍也會大幅擴展。

另外，當我們不拒絕對方令自己生厭的部分，反而是將之看作優點，內心就會感覺比較寬裕，找到能讓他發揮優點的時刻。假如可以做到這點，在以下這類的狀況和心情下，也能擁有知心好友的陪伴——

「真希望現在有人能痛斥我一頓，希望那個不喜歡拐彎抹角、個性正直又嚴厲的朋友聽我說話。」

「最近心情浮躁，激動過度，想跟那個凡事謹慎又冷靜的朋友來見個面，好讓我的情緒可以穩定下來。」……等等。

或許會有些困難，但所謂的人際關係，就是要在對的地方與對的人交往才最重要。而且，更應把自己不欣賞對方的部分當成借鏡，真誠學習他的優點來磨練自己的個性。如此，就能夠自然而然地瞭解什麼樣的言行舉止，會傷害別人，而什麼樣的行為會令人高興。

不拘泥於個人好惡，只要盡量跟各式各樣的人來往，就能得到不少好處。

「這個人和那個人都跟我合不來。我就是注定要獨自一人，真的好寂寞。」要是因此感到沮喪，那才真的是損失重大。遇到越多跟自己不一樣的人，越能學到不同的價值觀。必須要注意的是，當彼此能夠順利來往後，千萬不要勉強對方配合自己。

「尊重並且接受」對方的價值觀，與「順從」是不一樣的。與自己的價值觀相互比較後，再找出平衡，可說是所謂的「人際關係」吧。

「接受對方的同時，也能夠表達出自身的主張」，才是「跟任何人都能順利交友」的真正含意。

一個人外出，迷人的生活方式

不太記得是什麼時候的事情了。

這是某日我到某大樓地下樓層的蕎麥麵店裡用餐，所看到的情形。不知道是不是晚上七點前偏非用餐時間，店內幾乎沒什麼客人。仔細環顧四周，看到約有五位女性顧客各自單獨坐在四人座的餐桌旁。

這五位分別為不同年齡層的女性客人，有看起來像是年輕粉領族、大學生，也有像是剛買完東西準備回家的家庭主婦，每位女客人都大大方方，一口接一口地吃著蕎麥麵。

也許是我思想比較古板，看到這情景令我有點訝異。以前不太可能看得到

「女性獨自外食」的情形，而透過眼前的景象也讓我瞭解到，獨立自主的女性越來越多了。那五位女性顧客給人的感覺從容自在。

至於男性客人當中，有一位長相較兇惡，宛如池波正太郎★筆下的警匪時代小說裡的男主角。男性出現在蕎麥麵店這種景象原本就是理所當然，但最近越來越少看到了，讓人覺得有點寂寞。

但那些獨自前來的女性客人一點都感覺不出來很孤單，不知是否已經很習慣在這用餐的緣故，神色自若。而另外一位男客人則是眼神飄移，看起來焦躁不安。

不是只有蕎麥麵店如此，最近在咖啡廳或餐廳、酒吧等處，也時常看得到享受著一人時光的女性。這就是對自己擁有自信，能夠擁有愉快的「獨自一人世界」的女性日漸增加的證明，令人感到高興。

只是，像這類「能夠獨自一人行動」的女性可能仍是少數吧？用餐的時候就不用說了，去看舞台劇或電影、聽演唱會、看球賽、美術館，或是參加專題研討會等等，大多數的人還是會覺得找個伴一起去，不然就不去了。

當然，有伴一起外出很快樂，所以還是會覺得，約人一同外出很不錯吧。但要是只因為找不到伴，就不想去吃美食、不想看電影或展覽、不想聽演唱（奏）會，這「孤獨力的修練」可就稍嫌不足了。

這類人或許還沒意識到，一個人行動反而更自在，可以隨心所欲地做自己想做的事吧。

有一位說喜歡一人旅行的開朗女性，曾跟我分享了，她為什麼會喜歡一人

★**註解：**
知名小說家，亦是著名美食家、電影評論家。

旅行的原因。

她說：「我以前也是不管去到哪裡都要找伴。因為朋友都是單身、工作也比較空閒的粉領，時間上可以配合，所以很容易就找得到伴。

但是，女性朋友們的生活環境會漸漸變成不容易與朋友們聚在一起。其中，有人致力於工作、有人努力整頓家務和照顧小孩，也有人是工作與家庭都能兼顧、或非常空閒，各式各樣的生活狀況都有。所以，慢慢就很難找到能夠配合自己時間的人了。而且，每個人的興趣也都不同，要找伴相當不容易。

於是，我決定放棄找伴，只要想去的地方就自己一個人去。剛開始的確會因為獨自行動而感到不自在，但很快就習慣了。

最主要的原因，就是不需要再想『約她看看吧？可是她很忙？她應該對這沒興趣吧？』之類，只要依照自己的行程選好日子就好，讓我覺得很輕鬆。一人旅行絕對會上癮。」

聽說她身旁的人常問她：「一個人去好玩嗎？不會寂寞嗎？」但她總是用肯定的語氣回答：「找不到伴才更寂寞呢！」

之所以會感到寂寞，主要是因為沒有可以分享內心感動的人，或是沒有能一起交換感想或意見的時間。但一個人的話，就不會因別人的意見左右行動，能夠單純用自己的感覺去體會當天的經驗等等，將之視為優點，就不會覺得孤寂了。

「能夠享受一個人行動時間」的人才能真正認識自己，深具吸引力。一個人時的模樣如畫一般精采，試著將這當成目標努力看看吧！我保證，會磨練出你自己的動人魅力。

偶爾來一趟「一個人的旅行」吧！

在我的朋友當中，有一位非常喜歡一個人旅行的女性朋友。當然她也會跟朋友一起出門，不過，她說：「我有六成的時間都是自己去旅行。旅行是，想出發的時候就是好日子。」

她還說：「我們不知道何時會突然冒出想去旅行的衝動，對吧？可能因為看到旅遊節目而感興趣、莫名其妙被連續劇裡出現的場景吸引、看到街頭海報而觸發旅行的衝動、看了歷史小說萌生出一探究竟的好奇心……等等。當因為這些契機湧出了『我想去看看！』的想法時，巴不得明天就出發。

還有，突然多出空暇的時間，或是雖然沒有外出的計畫，但天氣很好，很適合外出等等，就會燃起一股想要旅行的心情。

像是這些突發狀況，實在沒有多餘的時間去找伴。而且，因為都是臨時起意，也不好意思硬把別人拉進來。」

一個人旅行的時候，她盡可能將住宿費和餐費控制到最低，全心專注在觀光上，盡情享受不寂寞的自由旅程。

「民宿或國民宿舍、青年旅館等便宜的住宿很有居家感，可以和房東或其他旅人變成好朋友。沒有不習慣在這種旅舍投宿的旅伴在旁，反而能夠認識更多人，更樂在其中。到目的地時，單獨旅行者也會遇到對你特別親切的人，所以一個人旅行是絕對不會感到寂寞的。

而且，也不需要顧慮別人，想去哪就去哪，整個行程都可以自由調整，要在某個定點待上幾個小時也可以自己決定，這也是我喜歡一個人旅行的原因之一。」

她還提到一個「更讚的優點」，那就是「一個人旅行會有更深層的求知欲或感動」。如果有旅伴，總覺得要聊聊天比較好，或是可能會被對方的價值觀影響。

也就是說，「親眼感受」的時間會被剝奪。確實！如果是好幾個人一起去旅行，似乎通常會記不得看了哪些東西……

不過，有旅伴的旅行當然也有其樂趣所在。像是可以住在豪華飯店，或是享受稍微奢侈的餐點等等，而這些是一個人旅行比較無法享受的。

正因為能和親近的人聊天，所以內心的感動會更深刻。此外，旅伴也會幫忙提出自己沒想到的旅遊行程。光是這樣就能夠擴大增廣見聞的機會。

的確！但要是可以靈活運用一個人旅行和攜伴旅行兩者的優點，旅行的樂趣也會更多。

「因為找不到伴就放棄自己期待的旅行！」這樣真的就只能說是「孤獨力」的道行還不夠。捨棄「一個人旅行很孤寂」的既定想法，隨心所欲、輕鬆自在地旅行去吧！一定能樂在其中的。

給「孤獨」的一句話

單身漢是捧腹大笑，但已婚者則是笑淚交織。

——G．赫伯特（George Herbert）

一個人的「小奢侈」

「孤獨」的優點就是可以不需要顧慮任何人。

有個名詞叫作「單身貴族」，意思就是「單身時期（和已婚有家庭的人相較之下）有很多可自由運用的金錢，所以可以享受奢侈的生活」。

這個名詞或許早已被淘汰了，但是單身的人可以過得比較奢侈一些的生活這點應該沒有改變。

從這點來看，享受「小小的奢侈」則是包含一個人生活的「孤獨者」在內的單身一族的特權。

譬如，在超市看到一顆三百日圓的水果，看起來真的很美味可口。這時，任誰都會有「好想吃！但好貴喔！」的想法吧？如果是跟家人一起住，就得依照人數來購買所需分量，最後只好放棄。

但買一個的話，雖是高單價的水果，也不會支付過多，所以買了也沒有負擔。只要把這想成是一個人能夠好好享受的、難得的幸福，即使平常都是吃一個五十日圓的水果，購入這顆三百日圓的水果也不算太高的「消費」。

冰淇淋、蛋糕、肉、魚等食物就不提了，但像香皂或洗髮精、牙膏、面紙、玻璃杯、餐盤等等日常生活用品，選購價格稍高者，應該也不至於對生活有太大的影響。

而且，一個人使用的日常生活用品消耗量比較少，用生活成本來考量，只有些微的差異，心情上也覺得很寬裕。

而去旅行或外出時的花費也是如此。以家族為單位，會是一筆相當可觀的費用，因此必須「盡可能以省錢為主」。

但一個人的話，或許只需花費到家族旅遊費的三分之一，甚至五分之一的金額就能成行。一年偶爾試著數次大方且大膽花費，超越平常有節制的生活，是不會遭天譴的。

住在稍微高級的飯店、坐在上等S席★觀看舞台劇、品嚐高檔的套餐料理、搭乘新幹線時，選擇乘坐綠色車廂座位★等等，享受稍微奢侈的生活也很好。

我之所以會推薦「小奢侈」的原因，是可以讓我們更有朝氣、更有活力。雖然金錢上會短少，但內心會感到很富足。

當然，也有很多不需花錢就能享樂的方式。只是像這種有物品或服務等附加的「特別價值」，還是得要花錢才能到手。

我個人認為，這種「特別價值」與「花點小錢就能了事」的不同之處在於，前者可以提高自己品性的價值觀。

我並不是要大家過那種超過自己身分和經濟的奢侈生活，而是偶爾在經濟的允許範圍裡，來個「小奢侈」，為自己獨自的幸福添加色彩。

換言之，就是「光存錢，體內會充滿不好的氣；使用金錢，則可以讓體內的氣得到循環，讓身體充滿精神與活力。年輕時之所以能充滿元氣，事實上就是因為沒有金錢束縛的關係。」

偶爾大方地花錢享受「小奢侈」，也是讓身心得到元氣的祕訣。

★**註解：**

- 「S席」為劇場或音樂會等表演會場中最高價的座位。
- 綠色車廂（Green Car）是日本國鐵或是JR的車廂中，比一般車廂座位寬敞、設備較豪華的特別車廂，因此票價較高。

感到寂寞時就用計步器？

數年前，女演員檀富美寫了一本名為《不感謝》的書，裡頭有句話相當吸引我：「就是因為感到寂寞，才會開始使用『計步器』。」

也因為這樣，我對這本書很感興趣，繼續讀下去，也不禁贊同起來：「原來如此！看來計步器也有可能療癒寂寞的心靈。」

檀富美有一年在名古屋出外景，拍攝連續劇，在飯店裡住了長達兩個月以上，而生日也就在飯店度過。

飯店收到許多祝賀檀富美「生日快樂」的傳真、花束、花籃。攝影棚內也放了「生日快樂」歌，一同演出的演員們也獻上一大把花束。

感覺上是個非常幸福的生日，但那天也僅收到「物質獻禮」，沒有任何「人的祝賀」。那天晚上，她似乎是一人用餐的樣子。

檀富美感到很慶幸，不知為何那天的寂寞感好像從計步器得到了療癒。她在書裡寫到：「在一成不變的無聊日常生活裡，湧現了一點幹勁。」

不管步數多寡，計步器上都會清楚顯示。因此她刻意選擇距離電視台較遠的飯店，或是會因為被分配到離電梯很遠的房間而感到雀躍。

另外，由於要不停往返攝影棚和更衣間，本來非常討厭換衣服的她，也變得樂於這件事了……看來檀富美非常享受計步器在計步時發出的「滴滴滴」的聲響。

在內心覺得寂寞時，掀開外套，偷瞄一下掛在腰際上的計步器，就會得到些許安慰。

只是一個計步器就能有這樣的效果，各位要不要也試試看呢？

在獨自一人度過的假日等等的時候，就算不想出門，但當計步器在手，或許就會突然充滿活力而外出。而且，計步器配合我們的動作所發出的聲響，好像也蠻有趣的，感覺動作都會因此變得更協調，更有韻律感。

我想，一定還有其他像計步器這樣，可以讓自己和行動合而為一的小東西。試著去找找適合自己的「療癒小物」吧！

CH 04

從孤獨力孕育出愛情與友誼

戀愛，從「開始」就能知道成敗

絕對不會成功的戀愛，從「開始」就可以分成兩大模式——一是從外表或學歷、職業、收入、家庭背景等來評論交往對象；另一種就是因為「沒有情人」很寂寞、或是「沒有情人就很遜、很丟臉」等等類似這樣在意外界眼光，為滿足虛榮心，而輕率地選擇交往對象。

首先，先談談關於「以條件為前提的戀愛」。所謂的條件，就好比穿在對方身上的服裝一樣，是看不到對方內在的。

然而，如果只看「服裝」就認定「這個人是我的戀愛對象」會如何呢？難道這交往對象就只是身上的一個配件罷了？

我可以很肯定，這類的人就是對自己沒自信的人，想藉由看起來體面的「服裝」來裝扮自己，好比只能藉著名牌來展現魅力的人一樣。

而且，將戀人當成自己的配件，是相當失禮的行為。倘若對方思想健全，應該也不會想被當作配件吧。即使已經是交往中的情侶，他人也看得出來不過是表面上的交往而已。

再看到，「因為寂寞或是為了要滿足虛榮心而開始的戀愛」。必須說，在這種情形下，選錯交往對象的機率是相當高的。

說得極端一點，這種人就是有「不管對象是誰，只要能待在我身邊都好」的強烈想法，所以只要自己稍微欣賞的人一出現，就會覺得：「我喜歡這個人！他／她就是我的菜！」於是便自我催眠：「我喜歡這個人！真的好喜歡！」接著，漸漸就會看不清自己真正的想法。

換言之，這就是「因錯覺開始的戀愛」。你遲早會發現「這個人不適合我」，而對方也會察覺到「你的交往對象不是我也無所謂，任何人都好！」雙方因此開始產生芥蒂，交往不順，終究畫下句點。

說到這裡，不斷重複這種「失敗戀愛模式」者是否認同這其中的一些觀點呢？誰都會想談一場令人羨慕的美好戀曲，沒有情人陪伴的日子會很寂寞吧。我能理解那種心情。

可是，要是沒有與打從心底愛你、願意和你真心交往的人在一起，就稱不上是幸福的愛情。也無法跳脫「失敗的戀愛模式」，終究會令你厭惡自己且感到空虛不已。

若想要避免落到這地步，首先最重要的，就是要把「看條件選擇對象」、或「寂寞空虛冷、因在意他人眼光等虛榮心」的這些想法，徹底從腦海消除。

真正的戀愛無論好壞，都要視為自己的問題好好面對、謹慎思考才是。然後，有效利用自己一個人的時間，好好磨練自己一番。

「不管有沒有交往的對象，我就是我。目標要先放在努力綻放具有個人品味的光芒。」一有這種意識，確立自己的獨特之處，也是戀愛的第一步。

珍視自己，喜歡自己是首要。

戀愛，原本就是從各自散發出閃耀動人的自我特色光芒中所孕育出來的。這樣萌生出的愛，會在交往過程中，因相互碰撞、刺激而不斷成長。這就是「戀愛的成功模式」。

現在因為沒有戀人而感到寂寞的人，請記得，先培養「戀愛的孤獨力」，讓自己一個人也能活得很好。這點比擔心日後沒有戀人來得更重要。

擁有這股力量時，自然而然就會發現不錯的交往對象其實就在自己身邊。

別再陷入「戀愛的失敗模式」裡了。
加油吧！

「瞭解與眾不同的自己」才是戀愛勝利組

從戀愛邁向婚姻，換言之，就是要和戀人建立更明確的關係時，在心理學上有三個重點：

第一就是「合一（oneness）」。當兩人進入彼此的世界後，是否能夠共同擁有一個世界？這和「因個性不合而分開」這個我們經常聽到的理由是相反的。

為免誤會，針對這點在此進一步說明。這並非意味「要將原本兩人的兩個世界合而為一」，而是「彼此要互相理解，並共同擁有原有的兩個世界」。

譬如說，當有人問：「請說說你目前男／女朋友的成長過程，或價值觀、人生觀，以及他們現在的心情等等。」如果是回答不到五分鐘的程度，就會被診斷為「oneness」不足。

交往中的情侶都會「想要更瞭解對方」。只要其中一方不太有這種想法，終究只會是單方面不停地在找話題聊天或只是閒話家常，又或是根本不在意彼此的溝通互動，只是沉溺於性而已。最後，極有可能變成「明明已經約會好幾次了，但仔細想想，根本不瞭解對方」。

在雙方毫不保留地展現出「最真實的自己」的同時，從開始探索彼此的世界、知性地理解、彼此尊重。如此，「oneness」才能成立。

第二個重點是「彼此互相（weness）」，意即能否成為對方的支持者？

人生是「福禍相伴」。即使現在很幸福，但不知何時會有變化，或是面臨到什麼困難。

人生中，無論是到達顛峰，還是跌入谷底，都要成為伴侶的支持者。若沒有這種覺悟，只要碰到芝麻小事，關係就會破裂。

當發生困難時，如果只會選擇逃避，或是單方面地指責對方，是不可能實現「weness」這一點的。最重要的，是要彼此都能夠確信「無論處於境遇，遇到什麼狀況，你還是你。這個信念必須是堅定不搖的。」

第三個重點則是「保有自我（Iness）」，也就是要確認，是否擁有自己的想法？能否表達自己的主張？

總是顧慮對方的感受，想說的話不敢說；總是擔心被討厭，因此所有事都依對方的意見為主。像這樣，將決定權都交給對方的關係，只會使彼此感到厭倦，心意也無法相通。

兩個人會有不同的想法，是理所當然。先以這個觀念為基礎，將自己的看法清楚地表達出來，努力找出平衡，才能夠令關係更加穩固。

而這三個重點當中，最重要的就是「保有自我（Iness）」。

如果「我」無法安定，就無法在對方面前毫無保留表現出最真實的自己。相對地，對方當然也無法以最真實的自己跟你交往。

結果就是無法理解彼此的世界，也就更不可能有「再大的困難也要兩個人一起克服」的覺悟了。

也就是說，如果不能以獨立的「我」和「你」敞開心胸，無所不談，別說要建立人生中最重要的關係，就是連戀愛也不會順利。

給「孤獨」的一句話

不愛自己的人，也無法愛別人。

——卡繆（Camus）★

★註解：
法國小說家、哲學家、戲劇家、評論家，著有《異鄉人》（L'Étranger）。

愛情的絆腳石是「一體同心」

如上一篇所述，戀愛的基本單位是「我」。所以，就算是正處於熱戀期的兩人，也絕對不會有什麼「一體同心」這種事情。應該說，是「一體二心」。這世上有相當多的情侶都會有「一體同心」的錯覺。我想，這也就是戀愛失敗的最大主因。

一旦有這樣「一體同心」的幻想，就會認為對方理所當然和自己擁有相同的想法和行為模式，而不自覺地把自身的想法加諸於對方身上。

有位女性抱持著這種幻想到根深蒂固，她和男友大學時期就開始交往，遠距離戀愛畫下了句點……不對！應該說是「被迫」畫下句點。我看到她時，她的神情相當憔悴。

她說：「我原本深信，愛是可以克服距離的。就算分隔兩地，兩人也是一體同心。但沒想到，竟然維持不到半年。

剛成為社會新鮮人的我們，都拚命讓自己早點熟悉工作，經濟方面也不寬裕，所以我們主要都是靠電話或電子郵件聯絡。但不管是打電話還是發電子郵件的都只有我。他都不會認真回信，電話也幾乎都是在答錄機留言的狀態。

漸漸地，我也用電子郵件責問他說：『我們不是約好不能輸給距離嗎？為什麼你都不回我？我時時刻刻都好想你。但我卻不知道你在想什麼。我受不了這種狀況了。這樣下去我們會分開的，結婚好不好？你下次休假時來看看我嘛！我們一起好好聊聊我們的未來吧！』等等之類的。

就這樣過了半年，我們終於見面了，但我又開始責備他，他也終於受不了而爆發了。他告訴我：『你只是自己想傳電子郵件才寫信給我的，不是嗎？別硬是要我回信啊！我沒辦法事事都只顧著你。你是不信任我嗎？不要用什麼就算分隔兩地，我們都是一體的那種話來束縛我！』

也就是說，我們終究不是一體的，對吧？因為不管是我或他，我們都絲毫無意想理解彼此的心情或狀況。我們的心是分開的。之後，我也反省過了。我在責備他之前，並沒有先去試著瞭解他的想法。」

結果，他們就以分手收場了。看來，是距離剝奪了他們和好的機會。

雖然我認為男方也是個自我本位主義者，只想到自己，但聽到女方下了結論說：「從我強迫對方接受我的想法這點來看，或許是因為我其實也並沒有那麼重視對方才會如此。朝下個新戀情邁進，重新出發吧！」

可是男方也不夠努力去理解或接受女方的想法。或許，這是由於彼此認為，雙方已經是「一體同心」而導致的結果吧。而且，男方也不夠珍惜女方。像他們一樣，認為自己和交往對象是兩人一心的，最後戀情失敗的例子真是不可枚舉。

認為兩人是一體同心的當下，就等於是怠於努力去更進一步瞭解對方了。然而，就是因為是真心喜歡的對象，才更需要去瞭解對方的想法，同時也要讓對方知道自己的看法。如果能知道對方在想什麼、知道對方會怎麼做，自己的行動也會自然而然地跟著調整。相對地，對方也會這麼做。

彼此充分溝通，認知到再怎麼樣都不可能變成「一體同心」，而「兩人三腳」才是能夠持續關係的祕訣。

給「孤獨」的一句話

男人經常會想要獨處，而女人也一樣。當這樣的兩人相愛，就會彼此忌妒那個想要獨處的念頭。

——海明威（Hemingway），《戰地春夢》（A Farewell to Arms）

別再陷入不倫戀了！

「只是剛好愛上已婚的人而已。」

這是身陷不倫戀情的人最常說的一句話。

雖然世上一般人都認為，不倫戀就是「邪惡的戀愛」，但當事人或許會強調自己並無意要破壞他人家庭、或是掠奪別人婚姻等等，只是單純愛上對方罷了。

確實，無論已婚或未婚，他是他，她也仍是她，僅是純粹「喜歡」那個人的本質而已。但事實真是如此嗎？

有位女性說：「打從一開始就沒打算要跟他結婚，也不期望如此。我只是因為他是一個愛家的男人，所以才愛上他。如果他為了跟我交往而拋家棄子，那我也不會愛他。」

彷彿為了證明自己所言不假似的，數年後，當男方對她說：「我就離婚跟你重組一個家吧？」這段戀情就此冷卻了。到底是怎麼一回事？

我個人認為，這是因為這名女子並不是真的愛那個男人。

從她一開始說和那位男性交往的理由，就已經看出破綻。要是對方真的「愛家」，根本就不會外遇。但她卻愛上他，這就證明她其實不瞭解那名男性。

女方對男方所期待的，只是偶爾見個面，填補自己內心的寂寞，如此而已。她無法與他攜手共度人生。

所以，說點稍微惡毒卻實際的話——對這個女人來說，男方已婚這點反而是比較「方便」的。

各位不認為，這名女性的說法只是方便掩飾自己狡猾的一面，為不倫戀找個好聽的辯解罷了？

如果女方能夠忍受沒有情人時的孤獨感，並且堅強地樂在其中，應該也不至於走入這種關係裡。

不過，也有和這位女性的情況完全相反的，對正在交往的不倫對象的占有欲日益強烈。而當對象與他的妻子在一起，自己反而是被拋在一旁的那個人時，就會感到強大的孤寂。

這類型的女子終究會因為無法忍受寂寞，不是直接找男人攤牌，就是要男方與妻子離婚等等，介入對方家庭，大鬧一場。

但她自己也明白，如此一來關係會破裂，最後反倒更為這種寂寞所苦。

大多數談不倫戀的人都會強烈感受到，明明身邊有伴卻還是好寂寞，很難與對方建立起良好的關係。

不管有多麼為之著迷，只要對方是有家庭者就別交往了。

比起這種不倫戀，獨自一人反而更能保有平靜。請擁有不輸給寂寞的愛情「孤獨力」吧！

遊戲與真愛的轉捩點

有種人雖然有交往對象，卻無法只和同一個人維持長期關係。

而有些人是確定自己只把愛情當遊戲，來回於不同異性之間；也有些人總是很真心地在與對方交往，但卻不怎麼順利。

雖然兩者心態不同，但事實上也有共通點，那就是——對自己缺乏自信，害怕受傷，因此無法向對方敞開心胸。

「如果真心喜歡對方，就會想獨占他，為忌妒所苦。要是變成那樣，就很狼狽不堪。所以，打從一開始不需太過投入，就算分手了，傷害也會比較少。只要再找新的交往對象就好。」有這種自欺欺人型。

或是，「因為不想被嫌棄，也不願讓對方看到自己的弱點，所以在情人面前，總是假裝自己開朗又完美。如果對方真心喜歡我，他會幫我卸下面具，協助我突破障礙。但只是因為外表或表面上的行為等等，就自認為非常瞭解我而與我交往，那就由我來甩掉他吧！以分手作結，也沒什麼大不了。」這類逞強、愛面子型，他們內心深處都潛藏著，害怕將原本真實的自己毫不保留表現出來的想法。

乍看之下，他們或許會讓人覺得是不怕孤寂的人，但事實上正好相反。他們只會不斷重複愛情遊戲，同時也讓自己的內心越來越墮落。

如果你也意識到了自己有這種傾向，那就脫掉那層鎧甲吧。試著把最真實的自己，展現出來看看。

隱藏起真實的自己來談戀愛，關係是無法持久的。因為，對方也不會卸下他內心的鎧甲，只會繼續跟你維持表面上的交往。

毫不保留地表現出最真實的自己，或許會因此被嫌棄而失戀。但真是如此又何妨？那代表了，那個沒有意願進一步瞭解你的人並不適合當你的情人。不如帥氣點，甩了他吧！

想要談一場真正的戀愛，最重要的是先敞開心胸。這麼一來，對方也會對你敞開心胸，才能真心交往。真正地面對彼此，才能互相擁有更進一步的瞭解，建立起明確且穩固的關係。

為此，重點是要好好面對沒有情人時的孤寂，擁有「孤獨力」，自己一個人也能毅然堅定地獨處。

倘若敗給了孤寂，當遇上讓自己稍微心動的異性，一不小心就會表現出「我很棒喔，快愛上我吧！」、「我可是男人中的男人，愛上我吧！」等等的模樣。

面對異性會變得軟弱，但又總是愛逞強，無法呈現真實的自我。可當我們面對自己所認定的「那個人」時，才更需要不怕被拒絕，展露出自己最真實的一面。就結果來看，這才正是取得真愛的最佳捷徑。

時間就是最具療效的失戀特效藥

「失去心愛的人，無論是失戀，還是死別，療癒內心的方法只有一個。那就是，靜靜地等待時間流逝，等候記憶得到平靜舒緩。除此之外，別無他法。」

這是出自於曾野綾子★的著作《名為幸福的不幸》裡的一句話。應該可稱它為「時間良藥」吧？能治療失戀這種病狀的，就只有「時間」了。

★**註解：**
日本作家，本名為三浦知壽子，與三浦綾子並稱為「W綾子」。

任何人失戀，內心就好像突然破了一個大洞，孤寂感也向自己襲來。但為了要將那個洞勉強補起來，就找一群朋友狂歡，或隨便找一個不喜歡的異性交往等等，把身邊的人都拖下水，慌慌張張地，實在不是辦法。

這樣或許可以讓心情暫時覺得比較舒暢，但不久之後，那股空虛感又會再度襲來，只是徒增孤寂。

而想要「快點忘記」也會導致反效果。越想「忘記」舊情人，就越忘不掉，反而變得更痛苦。無意識中會不斷在腦海裡反覆播放著，因失戀而感到寂寞的自己模樣。

也就是說，無法從記憶迴路閉鎖起因失戀所受到的打擊。

有些人甚至會在「想忘卻忘不了」的痛苦中掙扎，不斷地想：

「再也遇不到像他這麼棒的人了吧？」

「失去他，我一天都活不下去！」

像這樣，永遠無法忘記失戀的創傷或前任，漸漸害怕談戀愛的危險性也會提高，還會將討厭前任的狀況，誤認成是自己已經走出了失戀的傷痛。

事實上，那只是藐視曾經愛過那個人的自己罷了，反而感覺更加悲哀淒慘。那到底該怎麼辦才好？

不需要勉強自己做無謂的努力，只要一人盡情難過，哭到連淚水都乾涸為止。將自己完全浸透在與前任的回憶裡，同時也接受這個存在已從你的心裡消逝的事實。

如果能度過這段時間，將不會再對舊情人眷戀，也會覺悟到自己已經處於單身一人的狀態。過去兩人一起度過的時光，接下來則由自己來慢慢填滿吧。這就是所謂的「時間良藥」。

當你能夠享受自己的一人時間，邁向新戀情的活力也會跟著湧現。

順帶一提，曾經大受歡迎的美劇《艾莉的異想世界》（Ally McBeal），或許這齣劇對年輕讀者來說會有時代差異，但在戲裡，沒有情人的女主角艾莉似乎是用以下這些話來為自己加油打氣：

「感謝沒男人的我也活得下去！感謝我不需要任何人！好久沒人撫著我的背，但感謝我不需要回想起那種觸感！」

感覺上是自暴自然棄的台詞，但像艾莉這樣，感謝自己一個人也能夠活得下去，也是不錯的方法。至少，抱持著「一個人也很好」的想法嘛。

失戀不是世界末日

有些人會完全順從另一半，自己想說的、想做的全都忍下來。而那些人大多數是因為內心潛藏著「不想被嫌棄，也不想被甩」的想法，害怕失戀而導致如此。

一個二十四歲的粉領分享了她的經驗。她說，她和愛慕的前輩交往了兩年，但總是戰戰兢兢地害怕被甩。

「在開始交往沒多久的某日，我深夜裡接到了前輩的電話，約我外出。但因為那天我真的很累，也已經躺在床上準備休息了，便拒絕了他。

結果，他非常生氣地說：『那我去約別的女生好了！沒想到我們的關係這麼短暫，就到此為止吧！』聽到他這麼說，我直覺反應道：『對不起嘛！我現在立刻過去。』

那件事情對我造成了心理創傷，之後我對他百依百順。當然，我也有自己想說、想做的，但就是看他的臉色行事，漸漸地連自己想做什麼都不清楚了。最後，我甚至覺得，凡事照他說的去做也變成是我自己期待的一樣。

雖然，我也覺得這樣很傻，但我很害怕被他甩掉，又回到孤單一人的狀態。而且我……一～直都沒人追，也沒什麼朋友，已經厭倦了長期以來的寂寞。或許因為如此，不想再次變成孤單一人的想法才會更加強烈吧。」

當然，也有男人的個性跟這名女孩一樣，看起來很懦弱，但女朋友是非常受歡迎的大美女。所以，總是自卑地想，我這麼不起眼，竟然有這麼漂亮的女友，真好！然而，卻也會強烈地認為，我絕對不可能再有機會遇到像她這麼美麗的女孩，所以絕對不能被甩掉，而對女友百依百順。

這樣的人，首先必須要做的，就是捫心自問：

「總是對另一半百依百順的自己，感到幸福嗎？」

「對方總是無視自己的想法，不覺得難過、不覺得更孤單嗎？」

我猜，前者的回覆應該是「我一點都不幸福」，而後者的答案則是「對，我很難過」。

冷靜想想，應該會發現「倘若對另一半百依百順而一點都不覺得幸福，那又怎麼能夠療癒內心的孤寂？」

當能夠理解到這點，對於「被甩掉」的恐懼感就會減緩許多。因為已經知道，自己正處於一個比獨自一人時還更惡劣的狀態之中。

試著對自己說：「失戀有什麼可怕？就算獨自一人也沒什麼好害怕的。」

接著，一點一滴地表達出自身的想法。

如果因此被甩了，又有什麼關係呢？

比起用服從對方的方式來維持愛情，一個人還更可以過著輕鬆自在、對自己有益的生活。

想跟情人建立良好的關係，就別想「萬一被甩了怎麼辦才好？」等等之類的問題，只要按照自己的心思意念行事就好。

如果那樣會不如對方的意、令他感到不高興，那不用太在意，就丟給對方一顆直球，問他／她想怎麼做吧。

彼此的想法需要經過不斷地磨合，找出妥協點，這樣才能夠更進一步，相互理解。

心與心之間不是靠電波就能聯繫

最近不管是在街上，還是在電車內，都不難看見不時用手機傳送訊息的人。雖然不知道他們的聯絡對象和細節是什麼，但對像我這種老古板的人來說，真的是不可思議的光景。

我總會不禁地想：「為什麼不直接打電話？將對話內容輸入成文字來交談，不會覺得很慢而焦躁不安嗎？」

我的一位好友跟我分享了一件事情來解答我的疑惑。

他說：「現在的年輕人跟朋友之間都是一整天透過訊息聊一些無聊的事情。從『現在在幹嘛？』開始聊，接著就是『電視正在播這個喔！要看喔！記得要看喔！』、『今天真的玩得好開心喔！但也好累喔！我要去洗澡了，洗完後再傳簡訊給你喔！』、『好無～聊～喔！』之類的。訊息裡還不時加入表情文字或愛心符號等等來表達情緒。

如果不靠手機聯繫，不知道是會感到不安？還是寂寞？……情侶或朋友之間或許只是想藉由彼此經常將行動逐一通報，來確認情誼，確認自己不是獨自一人這樣吧。」

聽到這種狀況的我不禁擔心，像這樣的互動，只要稍有閃失，很有可能就是變相地束縛對方。就算無意監視對方的行動，但也漸漸侵蝕對方一個人的寶貴時間了。

而這樣的關係無法長久維持，彼此遲早會對另一個人的存在感到厭煩，終至關係破裂。

其實，我聽過很多例子是因為只是稍微晚點回覆，或是無法立即回答問題，被對方責備，導致朋友關係因此變得尷尬彆扭。雖然看不到對方的表情，但是用字遣詞就會變得很客氣。

人際關係中，務必切記最基本的，就是必須先考慮對方的感受後再行動。而這點在平常傳訊息時也一樣，但像這樣頻繁地互傳簡訊時，就經常會完全被忽略。

而對於「不容易說出口的事，就用電子郵件來傳達」的處理方式，也是一大問題。

一般不容易說出口的多半都是道歉、要求對方配合自己的時間、或是婉拒等情況。但無論是哪一種，都是希望對方可以接受、諒解我們的失禮之處。

然而，只透過字面上說聲「抱歉」，實在有欠誠意。

像這些狀況，要直接跟對方面對面交談，或是透過電話親自傳達，確實是非常痛苦的事。因為眼前會浮現對方生氣的表情，或是因自己的要求而感到困惑所做出的動作等等。

但就算如此，光靠電子郵件是無法確實將歉意傳達出去的。就正是因為難以啟齒，才更應該要直接面對面說出來，這是基本禮儀。

若對方只是收到按個按鍵就能送出的電子郵件，心裡也會不高興地想：「你以為你誰啊？」

電子郵件確實是能夠圓滑溝通的最佳途徑。只要把想說的內容事先想好，再寫成文章，就能輕鬆地傳達出去。

雙方可以真心交友也是其優點，尤其對比較不擅言詞表達、不擅長在人前把自己的想法說出來的人，透過電子郵件可以按自己的步調自由發言，這點是相當寶貴的。

事實上，有些人平常似乎沉默寡言，但只要換成訊息來溝通，突然間就變得滔滔不絕。如果是這類型者，擅用訊息與人溝通也是可以。不過，人際關係終究還是要透過面對面，好好交談才能夠建立起來。

電子郵件或訊息的內容，通常多少都會摻雜著些許謊言或浮誇、渲染等部分，所以若主要是以郵件或訊息進行交流，終究只能擁有比較表面的人際關係。與人面對面交談，人與人之間的牽絆才會變得更緊密堅定。

順道再和讀者分享另一個小故事。每當我看到以超快速度輸入訊息的人，就會想起，以前有位業務員曾經告訴過我：

「口若懸河的業務一開始業績都不錯，但不久之後，客人就會說『沒誠意！說話聽起來都像在說謊！』於是就會變成拒絕往來戶。反而是不擅言詞、說起話來結結巴巴，但誠意十足地與客戶說話的業務，雖然需要多花一點時間，最後都能成為優秀的業務員。因為，他們以誠實的言語打動了客戶的心。事實上，進入公司五、六年後，能成為頂級業務員的，都是那些不擅表達的人。」

所以，即使是電子郵件也是如此，不需要的內容不必多說，文筆不佳也無所謂。簡而言之，透過真心誠意的文字，將自己的想法傳達出去才最重要。

只因為獨自一人就覺得寂寞，不時傳送訊息給男女朋友或朋友，並且單純認為「利用訊息的話，就可以盡情聊天」而老是傳送毫無誠意的冗言贅詞，換句話說，這些人就是罹患了所謂的「手機依賴症」。

試著讓自己成為一個就算獨處也不依賴手機，能夠好好享受獨處時間的人吧。因為，心與心之間不是靠電波就能聯繫的。

給「孤獨」的一句話

每當我和各式各樣的女性在一起時，我總是孤單一人。

——海明威

吵架的效用

如同我反覆提到的，能夠保有自我、確立自己風格者，就是能夠享受孤獨的人。

然而，這樣並不代表這些人就會一直孤單一人，事實上可是完全相反。因為，從內在散發出來的性格，燦爛動人，而這就是他們吸引旁人的魅力來源。所以，總會有許多人圍繞在他們身邊。

也就是說，能夠享受孤獨的人，同時也深具魅力。因此，無論是一個人的時間也好，和情人或朋友一起度過的時間也罷，他們都能夠樂在其中。

只是，所謂個人的獨特風格，並非一朝一夕就能確立。這得隨著年齡增長，累積各種不同經驗，才能夠逐漸成形。姑且不論熟齡人士的狀況，但正值青春年華的年輕讀者們若想要達到這個階段還需要一段時間，所以無需焦急。

在此，先大致依照年齡層來看看每個階段的人格形成過程吧。

十幾歲的時候，基本上即使和討厭的人或是個性不合的人不相往來也無所謂。好友之間組成的小團體，也只是表現出了，一種強烈希望能夠從各種不同價值觀的人群裡，找到和自己相似、或是談得來的人，這樣的想法。

比較麻煩的，是這種小團體通常都會因為過度強烈的友好意識，而產生互相束縛的現象。因為有祕密、跟其他人比較要好、口出惡言、耍小心機、說謊等這些小小的背叛，而不斷發生爭執或摩擦，也是這個年齡層的特點。

雖然在爭吵過程中確實會覺得痛苦，但這也是為了讓彼此能夠有更進一步的瞭解而不可欠缺的。從反覆爭吵、和好的過程裡，就能夠學到和自己不同、各式各樣的價值觀。

隨著進入高中、大學後，這種爭吵狀況會大幅減少。因為，這個階段已經擁有可以先顧慮對方的想法再行動的智慧了。所以，在十幾歲時，表達出自己的想法、爭吵是非常重要的。

上了高中，在新的人際關係裡，則是多了一種可稱為是「社會縮影」的輩分關係。透過參加社團等等，在學長姊和學弟妹間的良性交鋒中，學習發揮團隊精神。

當然也有失敗的例子。因為希望得到學弟妹的愛慕而縱容他們，最後卻被瞧不起；對學長姊說話不禮貌，而被狠狠斥責一頓；因無視輩分擅自行動而遭到眾人排擠；只要有不遵守規定的團員，社團經營就會不順；目標一致，就能夠提高團隊向心力……有許多不同的學習。

而這也可看作是，為了能在大環境中生存下去的必要訓練。不怕失敗，透過實際行動，就能夠理解上下關係的微妙之處。

成為社會人士後，生活中就會瞬間出現各種不同年齡層的人，置身於完全無法和學校相比、擁有多樣價值觀的集體中。

在這個階段，理解實際存在於社會中的各式各樣價值觀，遠比表達自己主張來得更為重要。此時，只要徹底觀察旁人的言行舉止就可以。如同出國後會更關注自己的國家那樣，在多樣價值觀的世界漩渦裡則能增廣見聞，這對認識自身的價值觀相當有助益。

看完從十幾歲到二十幾歲的人際關係後，應該有不少人認為，進入三十幾歲就是確立自己風格的時候了吧？

倘若在進入三十歲前，能夠慢慢訓練自己在不會給別人不悅的感覺為前提下，表達出自身的主張，而進入三十歲後，便可漸漸更深入認識自己的世界。

也就是說，因失敗的人際關係，能夠學習到這麼多事物。在接受與自己不同的價值觀時，也可磨練表達自己想法的技巧。並在這過程中，塑造出「即使是一個人，也不會感到孤寂」的自己。那麼，你也不會再想隱藏自身觀點或意見來接近人群。

相反地，反而別人會主動來接近自己。因為，這時的你已經具有吸引他人來到身邊的極大魅力了。

「沒有情人也沒有朋友而感到寂寞」者，是因為自己的世界還不夠成熟罷了。不要害怕受傷，勇敢表達出自己的觀點，與各式各樣的人交流，好好認識自己的世界吧。當你擁有「獨自一人也不會感到寂寞」的孤獨力，情人與朋友也會自然而然地到來。

別被負面情緒束縛

任誰碰到討厭的事，心情都會不好。失敗時失落；失戀時難過；生病時不舒服；至親好友搬到很遠的地方，也會感到落寞。

而當下不知該如何是好的情緒也會完全寫在臉上，對吧？雖然多少會覺得無可奈何，但是讓別人跟著自己承受不悅的心情，這樣好嗎？

無論心情再不好，也與別人無關。想想，當自己變成別人的出氣筒，所感受到的痛苦也很難平復，不是嗎？所以，心情再怎麼不好，都必須獨自克服。

能夠將不愉快的情緒整理好的人，都會盡可能不把情緒強加在他人身上。因為他們知道那是「不合理的」，也知道自己不愉快的心情會令人卻步。

不久之前，有位曾經「情緒化」的女性，回想以前的自己時，說道：

「那時候應該是因為太寂寞的關係，才會那樣吧。如果不把當下的情緒表現出來，就會受不了。因為工作忙碌，所以總是戰戰兢兢；身體不舒服時，偶爾會直接趴在桌上休息；心情不好時，垂頭喪氣。覺得自己這麼做，似乎是為了期待旁人給予溫柔的關懷。

在我心裡，似乎隱約地藏著『過著充滿壓力生活的人很了不起』的想法。同時，也認為那些看來沒有任何煩惱，永遠不知何謂壓力的、無知且散漫的人，都是反應遲鈍，也隨隨便便的，總有些瞧不起他們。

所以，我才會誤以為，若不把自己肩負著一堆的辛苦全都表現出來給別人看，自己的努力就無法得到別人的認同。」

然而，卻是一位她曾經暗自認為是「無知散漫」，且相當瞧不起的一位女同事A的舉動，讓她明白了自己的這個想法是錯誤的。

A總是很活潑，也很有朝氣，甚至看起來就像是那種從來都不知道何謂疾苦或病痛等等不幸為何物的人。

但就在某日，這位「情緒化小姐」下班吃完飯準備回家時，發現自己把東西忘在辦公室。就在她深夜回到辦公室時，看到A臉上的神情和平常完全不同，正獨自拚命地工作著。

當她對A說：「你好像很忙的樣子。」

沒想到，A瞬間回到平日的笑臉回應：「應該是說我工作速度慢啦！雖然明天再做也可以，但我不想讓自己到時手忙腳亂，所以只是在做事前準備而已。」

而當時A做的，好像就是為這位「情緒化小姐」隔天工作的事前準備。

另外一次則是A感冒時所發生的。雖然一直咳不停，看起來也真的是很痛苦的樣子，但A卻打起精神對大家說：「為了避免把感冒傳染給大家，我到會議室去喔！」說完，就一直單獨待在會議室內。

之後的幾個小時，A就一個人默默把所有工作做完。但之後才聽說，當時她正發著三十八度的高燒。

「在那之後，也有好幾次知道A小姐雖然有著不為人知的苦惱，但完全不會表現在臉上，總是神采奕奕地面對大家。我真的覺得她帥呆了！當時才明白，那個不把自己的痛苦表現出來就受不了的我，只是把自己『不愉快的病菌』散播到周遭罷了。所以也好好反省了一下這個幼稚至極的自己。」

於是，她在那時就決定不再當個「情緒化的人」，盡量不再說有著負面情緒的話語。

只要能自己將不愉快的情緒消化掉，就能縮短和旁人的距離。就算不用言語或態度表現出來，偶爾一定也會出現對自己說出貼心話的人。

因為，獨自奮鬥努力的身影，將會令別人以體貼關懷來相待。

CH 05

讓「孤獨力」覺醒

誤解了埋藏孤寂的方法

最近為「依賴症」所苦的年輕人越來越多了。

所謂的「依賴症」就是因為內心無法感到滿足，而尋求一時的快感，並且讓依賴程度擴大到，若失去了它就活不下。

像是，酒精依賴症、購物依賴症、巧克力依賴症、性依賴症、手機依賴症、柏青哥依賴症……大多數陷入這些各式各樣依賴症的人都會痛苦地說：「真的很想戒，但卻戒不掉！」

但這些人覺得內心充滿幸福感時，頂多也只有在得到那些快感的瞬間而已。之後就會立即再遭到空虛感的襲擊，於是尋求「再多一些！再多一點！」

那種快感的頻率和量就會漸漸增加。可伴隨而來的，只是無限擴張的空虛。

簡述其原因，就是因為無法如己所願、活出自我等壓力所導致，而大多數主要都還是出於寂寞之故。

譬如，有位陷入巧克力依賴症的女性就是這樣。她上班的地方只有三名女職員。而另外兩位女同事感情很好，完全沒有讓她加入的空間；男同事則幾乎整天都是在跑外務，所以她沒有可以聊天說話的對象，也沒有需要跟其他同事共同完成的工作，因此一直覺得很孤單。

她說：「一般粉領族不是都會在辦公桌抽屜裡備著點心嗎？覺得有點餓的時候，可以當零嘴。我以前也是這樣。而且我發現，只要一吃巧克力，內心就會感到一股不可思議的暢快。

漸漸地，我就養成每當感到寂寞，就要吃一顆巧克力的習慣了。回過神來，我才發現，置物櫃內已經儲藏了大量的巧克力。只要開始吃一顆，立刻就會吃光整盒。而且，想吃卻沒得吃時，就會陷入恐慌。如果不經常先買好庫存起來，就會感到不安。

只是，寂寞得到了慰藉，也只有在買了大量巧克力的那個瞬間，以及吃巧克力當下而已。因為這樣，我的錢不但越來越少，體重還不斷上升，內心的空虛感也逐漸擴大，每天真的都很痛苦。」

即使曾是為依賴症所苦的她，幾經挫折後，現在也終於成功地戒掉巧克力了。那她到底是用什麼方法克服「依賴症」的呢？有兩個重點，其一，每天都把「今天花了多少錢買巧克力？體重有多重？」等這些狀況都記錄下來。這是用具體的數值來測量依賴之程度。

只要邊看著那些數據，邊寫下簡短的反省文，就會再度明白到自己有多麼傻。同時，也會發現，即使吃完了巧克力，寂寞感也絕不會就此消失。

這方法比光在內心一直煩惱著「戒掉吧！快點戒掉吧！」來得更有效果。透過客觀地檢視自己，就會有決心「戒掉巧克力」。

其二，就是致力於自己熱衷的事來減少對巧克力的關注，她重新投入自己曾在高中時很熱衷的興趣——編織。

利用原本寂寞的午餐時間來打打毛線，就不會感到特別孤單。在一個人生活的房裡度過的孤單長夜，投入於打毛線時，心情也會感到愉快。

像這樣，讓自己熱衷於某事物，孤寂就不會再那麼強烈了。她也因此逐漸不會那麼渴求以吃巧克力的方式來甩掉孤單。

透過這位女性的例子應該就能夠瞭解，孤寂無法靠物欲埋藏起來。最後終究會明白，能夠填滿內心「幸福空間」的並非是酒精或巧克力、購物帶來的快感，而是做自己喜歡做的事所度過的時光。

接著，再來看看一位男性的例子。

有位陷入「柏青哥依賴症」的男性，他總是被上司斥責，所以一直認為，把這一切看在眼裡的後輩們一定很瞧不起他，因此就跟他們日漸疏離。

當時拯救他的，就是柏青哥。他說：「我真的很鬱悶。某天在街上閒晃時，不自覺就踏進了自畢業後再也沒踏入過的柏青哥店。

那天就中了大獎，看到彈珠噹噹噹噹地不斷掉出來，心想：『我真是太厲害了！』瞬間一種莫名的自信也油然而生。平常都認為自己很沒出息、很沒用，但打柏青哥得到的快感就像是迷幻藥，於是就這樣迷上了。

當然，事實上比較多的時候是在輸錢。最後就只是變成為了追求贏錢時所得到的快感去打柏青哥。

回過神時，才發現，我竟然連在跑外務的上班時間都會去玩。薪水也因為這樣耗光，空虛感也越來越大，每天都過得很痛苦。」

而曾經是那樣的他，也成功地戒掉柏青哥了。

那麼他到底是用什麼方法成功克服的呢？主要還是找出自己熱衷的事，遠比一直苦惱著戒掉吧！快點戒掉吧！更有效果。

他開始去拳擊練習場，再度挑戰學生時期曾經稍稍涉獵過的拳擊。在拳擊練習場的練習期間，他漸漸感受到打拳擊的樂趣。

不可思議的是，在公司被孤立時所感受到的孤寂，也隨著汗水一起流失了。讓自己熱衷於某樣事物，因孤單而感受到的寂寞也沒那麼強烈了。而對柏青哥的興趣也自然而然地消失。

透過這位男性的例子應該也能瞭解，能夠填補寂寞感的，只有在做自己喜歡做的事時，所感受到的幸福。

打柏青哥並非壞事，但現在所討論的重點是與柏青哥、酒精或巧克力、購物等等所帶來的快感，性質不同。

換言之，一個人做自己喜歡做的事度過的時間，能夠提高我們正向的力量和孤獨力。

前述的男性也是因為這樣擁有孤獨力，並且找回曾經失去的自信。

魔鏡呀！魔鏡

明明好多話想說，但卻沒有可以說話的對象，這種狀況下，任誰都會感到寂寞。不過，但無須因此喪氣消沉。因為，會誠摯地聽你說話的人就近在身邊，那就是——你本人。

或許很多人不知道這個節目。以前，內海宮土理★主持的《淘氣房間》★這個兒童節目裡，有一幕是對著鏡子說：「魔鏡呀！魔鏡！請讓我跟大家見面吧！」所以，不妨試著效仿這幕，對鏡子裡的自己說：「今天過得如何？」

或許你會覺得「那樣未免也太悲哀了吧！」

但就當受騙一次，請嘗試做一次看看吧！你會意外發現，其實那樣還蠻好玩、蠻有趣的。

而這個「與鏡子對談」主要有五大優點——

第一個優點，就是能夠近距離接觸自己塑造出的「理想中的自己」。

以前，遠藤周作先生曾在他的某散文集裡提到：

「每天早上都會對著鏡子說：『我要當上社長！』之後再去上班的人，不久之後就真的當上社長了。」

對著鏡子裡的自己高談夢想，並讓夢想成真，這聽起來好像是童話故事一般，但遠藤先生確實就是用詼諧的口吻，寫下了鏡子所擁有的不可思議魔力。

★註解：

・日本女藝人。

・日本電視台參考美國的《Romper Room》，所製作的兒童節目。

但也切記，聽說有「不能將對鏡子說的事情告訴別人！」之類的說法，否則魔法好像會被解除呢！

第二個好處就是，可以把煩悶的心情全部宣洩出來。因為說話對象就是自己本身，所以不需有任何顧慮，想說什麼就說什麼。當天若遇到不高興的事，可以盡情抱怨；遇到高興的，則能盡興享受喜悅；難過時，獨自啜泣；有煩惱，就大大訴苦。

像這樣，將盤旋在心中的混亂全都化為語言傾洩而出，感覺就會無比舒暢。而且，原本因為沒有說話對象而感受到的孤寂，早就不知被吹到哪，消失得無影無蹤。

第三個好處是，可以好好整理自己的想法。

鏡子裡的自己總會誠摯地聽你說話。不會插嘴、也不會抱怨：「這真是無聊！」就撇過頭去，對你不理不睬。

所以，連在跟別人說話時，不得不簡略的細節全都能鉅細靡遺地說出來。而在那過程中所孕育出來的，就是具邏輯性的思考。吐露出複雜情緒時，自己到底有什麼感覺？到底是怎麼想的？做了什麼？等等都會變得明確，也就能從中清楚地知道自己到底想怎麼做。

將腦海裡想的事情換作語言表達，整理出來的思緒有條不紊到可能連自己都會嚇一跳。

第四個好處就是，能夠告別不愉快的心情。

特別是把生氣或是難過、怨恨、忌妒、痛苦等等負面情緒抒發出來時，就會發現，在這些情緒中的自己，臉部表情有多麼醜陋。

因為，那就像是將內心醜陋的表情投影在鏡子裡呈現出來。就算不喜歡，也得面對那樣的自己。而當看到自己那模樣，會有什麼感覺呢？自然而然地就會傾向於「為了要有更棒的表情，必須改變才行。」

也就是說，原本被壞情緒覆蓋的內心會開始出現，想尋求一道光明，將負面情緒轉成正面情緒的想法。

相對地，若是聊到開心愉快的事情時的自己，呈現出來的一定是很棒的表情。如此一來，就會對自己更有自信。

第五個好處就是，可以訓練自己的臉部表情肌肉，變得更帥氣、更漂亮。

所謂擁有魅力的帥哥美女，重點不在長相，而是表情。無論長得再怎麼俊美，面無表情就是「暴殄天物」。反之，就算不是世人眼中的帥哥美女，但擁有豐富表情的人才擁有真正的美貌。

「與鏡子對談」時，喜怒哀樂會自然而然地、毫無掩飾地流露，因此也就能夠輕鬆訓練出臉部肌肉。光是這些好處，你不覺得「與鏡子對談」相當值得一試嗎？

由於沒有別人在旁邊看，也不用覺得不好意思。寂寞時，就當自己的說話對象，試試「與鏡子對談」吧！即使一個人，也會感到心情愉悅。

鏡子，就是讓自己擁有孤獨力的最佳小物。

三行恰恰好的日記

生活優閒自在時，即使一個人也不太會感到孤單。

而日常生活裡遇到的各種壓力，都能在當日抒發掉，那麼應該就可以預防罹患「孤單病」了吧？

因此，我向各位推薦「三行日記」。

說到寫日記，文筆不佳的人一定會立刻皺起眉頭。或許有人會說：「寫日記這件事本身就是個壓力啊！」

但只要寫三行就可以了，算是輕鬆的挑戰吧？

其實，我也會為自己的記事本另外命名為「焦躁不安記事本」，而且裡面寫的就是「三行日記」。

每天晚上，我會回想一整天發生的事，從中挑選出印象最深刻的，用最真實的心情把它們寫下來。

如果發生了會想直接對老婆大罵「這個傢伙！」的事，就會告訴自己，這樣是不對的。又或是，將在書報雜誌上看到的感動語句抄寫下來，並附上「看到了很棒的話，真是幸福！」之類的感想。所以，「三行日記」裡可以記錄著各式各樣的內容。

尤其，就「預防精神疾病的保健方法」這方面來看，其好處是能立刻解決造成負面情緒的事，不會讓它們一直延宕下去。

我聽說，有位女性朋友還為「三行日記」設定了一個規則。那就是，最後都要用正面積極的話語來結尾。

「令人感到不高興的事總是很難從腦海中移除，譬如，在路上被不明物體絆倒，就會立刻覺得真是倒楣！但就算沒有因為這樣跌倒，也不會覺得今天真是太幸運了！

所以，我發現寫『三行日記』時，通常都是寫自己很生氣的事。雖然光是這樣，怒氣或焦躁不安的心情多少都能舒緩一些，但還是會覺得稍嫌不足。

仔細思考後才明白，那是因為情緒仍停留在負面狀態裡。要是不轉化到正向情緒，就無法擁有可消除當日壓力，並向明天邁進的元氣。

只要試著做做看就會知道，將這規則當成自己的課題，自然而然地就會去找出這些令人討厭的事情，對自己來說也不完全是百害而無一利。

倘若找不出優點，就很難轉換成正面的思考。

在這樣的過程中，也能自我反省，以他人為借鏡，修正自己的過錯。消除壓力的同時，能夠自我成長，可說是一石二鳥呢！」

如同這位女性朋友所言，對於討厭的事光抱怨嘆息，是不會有所進步的。在將焦躁不安或氣憤難平的事全部說出來的同時，也要反省並學習，將負面情緒轉化成正面情緒才是。

只要開始做到這點，討厭的事不但不會延續下去，還能神采奕奕邁向明天，也不會一個人失落或沉溺在孤寂裡，而是可以過著心情平穩的日常。

試著來經營部落格如何？

之前讀賣新聞的「交流廣場」（PLAZA）專欄上，刊載了來自讀者們的溫馨投稿，標題是「三個世代的女性部落客」。

所謂部落格，就是在網路上公開自己的日常生活雜記之類的，雖然我不太懂部落格，但在年輕人之間似乎很流行，大家樂於在部落格裡自我推薦，或是和不特定的多數人相互交流，好像很有趣的樣子。

而這篇文章的投稿者是住在前橋市一位五十歲女性，分享在她和婆婆，以及女兒這三個世代女性身上所發生的故事。在此，將內容簡略與讀者分享。

這位老奶奶的天職，就是把自己花三天時間熬煮的咖哩或熟食裝入保鮮盒後，分送給大家。但就在某日，老奶奶突然很傷感地跟這位媳婦說：

「我死後，這些料理也會隨著我消失在這世上吧？」

孫女從媽媽那邊聽到這件事之後，就決定要幫奶奶製作一個部落格。

從那天起，媽媽開始幫奶奶拍了照，連同奶奶的近況一起傳給住在東京的女兒。女兒再依照從媽媽那邊得到的資訊，貼到部落格上。

這個部落格以「奶奶的部落格」為名經營了半年後，奶奶在七十九歲的生日當天收到了許多祝賀留言。真的是個非常溫馨的故事。

聽說，透過部落格來介紹自己親手做的料理，和來自讀者們的眾多留言，老奶奶擔心料理會失傳的落寞也藉此得到了慰藉，臉上也多了燦爛的笑容。

這位老奶奶一定很感謝貼心的媳婦和為她經營部落格的孫女吧。看完這篇文章後，我想，部落格也可以成為療癒「害怕孤寂」這種病症的方法。

大多數害怕孤單的人，通常內心都極度渴望得到大家的認同，希望有人能夠聽聽自己說話，但似乎又不擅長表現自我。

關於這點，若能藉由部落格，自由地分享關於自己的事，同時也可以和來部落格閱讀文章的讀者交流。

而且，我認為，一旦開始在部落格發文後，也能變得更有創造力和想像力。如果只因自己一個人不太方便做的事情就不去執行，這樣很快就找不到可以在部落格分享的題材。

在經營部落格時，或許會不知不覺讓自己擁有孤獨力，言行舉止也更堅定、更有自信。

總之就開懷大笑吧！

沒有人在感到寂寞時，還能笑得出來的。因為沒有那種心情。

就算看了平常都認為好笑的綜藝節目，也都覺得無聊又難笑，便關掉電視；即使聽某人說笑話，大家都已經笑到翻，但只有自己一人會繃著臉想：「到底有什麼好笑的？」

是吧？我能瞭解那種心情。有再怎麼愉快的事，如果當下自己心情不好，也很難樂在其中。

然而，越是遠離開懷大笑的生活，就越是寂寞。所以，在這種狀況下，即使很勉強，也試著開懷大笑吧！

可千萬別說什麼「怎麼可能笑得出來！」之類的話。讓自己「開懷大笑」的方法有兩種——其一，就算是沒有任何能讓自己笑得出來的趣事，總之就先試著一個人「哇哈哈哈！」地大笑一下。

或許一開始只是假笑，但在不斷使勁大笑當中，心情真的會漸漸開朗起來。這個方法是我向Animal濱口★學的。

以「使盡全力！使盡全力！使盡全力！」這句話出名的濱口，也是哈哈大笑的名人。他曾在電視節目上說過：「在我們家，吵架是家常便飯，但最後都是在大家一起用丹田的力氣『哇～哈哈哈哈』地大笑中收場。」

聽他說，有好幾次都是像這樣，發現剛剛吵的事情真的很蠢，所以最後也就化解了頑強的心。

孤寂事實上也是一樣。就在大笑的同時，會發覺陷入孤寂漩渦中的自己真的很蠢，而占據內心的孤寂感也會因此被溶化掉。

另外一個方法就是下定決心——「今天要笑！」然後確實付諸行動。

在日常生活中，其實有很多「只要我們想笑就笑得出來」的事。只要像女高中生那樣連筷子掉下去也會發笑，把任何事情都想得很有趣就行了。

只要決定「笑」，不需理由就能笑得出來。只要一開始笑，就會笑個不停，甚至連不是那麼有趣的事，都會笑到不能自已。

我的某位朋友說，他只要一感到「好寂寞喔！今天笑得不夠！」就會跑出去買葡萄酒。因為他說，他去的那家商店裡有一位不管說什麼事都會哈哈大笑

★註解：

本名濱口平吾，原為摔角選手及健身教練。

的店員。

「今天也很熱嗎？哇～哈哈哈哈！因為我都在屋內，所以不知道今天熱不熱！哇～哈哈哈哈！」

「哇～哈哈哈哈！我也買了一大箱。哇～哈哈哈哈！不能跟別人說喔！哇～哈哈哈哈！」

那個店員就類似是像這樣，笑得非常豪爽。所以我朋友一看到那位店員，就會被他的笑聲傳染，感覺真的很好。

身邊有能夠散播歡笑的人，真的是件很棒的事。

而近年來，醫療上也認同了「笑」對身心靈都有很好的影響。當感到孤單寂寞，就放聲大笑吧！

給「孤獨」的一句話

開朗的個性遠比財富來得更尊貴。

——卡內基（Carnegie），《安德魯・卡內基傳》

盡情傾瀉孤寂

跟開懷大笑一樣，「盡情哭泣」也是能趕走孤寂的一種方法。如果當下的心情真的笑不出來，那就乾脆大哭一場吧。

一說到「哭」，或許有人會認為那樣只會更悲傷、更寂寞，但事實並非如此。相反地，反而會讓心情舒暢無比。

各位應該不只會在寂寞或悲傷時流淚，在高興至極、感動萬分的情況下也會哭泣。那是因為，心裡快要爆發出來的思緒和眼淚一起宣洩了出來。也就是說，「盡情哭泣」也能夠將內心的孤寂一掃而空。

雖然一般人不會因為感到些許寂寞就淚眼汪汪。當寂寞到雙眼自然地泛淚時，就讓眼淚順其自然流下來就好。但沒有到這種程度，為了誘發眼淚流下，做一些「特殊準備」也是必要的。

每個人應該都有類似像「每次只要一聽到這句歌詞必定會哭的歌曲」、「不管看幾次，還是會哭得唏哩嘩啦的電影」、「光看到書名，眼角就會泛淚的書」、「看了淚腺一定大開的、電視上播放的紀錄片」等等之類的經驗。只要把這些當成小道具，讓自己進入想哭的狀態就可以了。

這和要讓自己笑的狀況相同，要哭的時候，只要決定「今天一定要哭！」然後再以大哭為目的付出行動，就會意外發現，其實「哭」也很簡單。

簡而言之，眼淚裡也含有壓力物質在內等等因素，所以只要哭一哭，心情就會變好。或許，就是由於那些壓力已經隨著眼淚釋放到體外的關係。如此看來，哭泣也能成為紓解壓力的方法之一。

一個成人會覺得在人前落淚很難堪，但若獨自哭泣，就無須在意誰。所以，就試著盡情大哭一場，傾瀉你的孤寂吧！

美食激發活力

以前在看淺田次郎★所寫的《監獄飯店》這本小說時，不禁會拚命點頭說：「嗯，嗯，沒錯！沒錯！」

故事背景是一名由黑社會人士所經營的飯店，內容非常有趣，裡面有許多讓人不禁「噗哧一笑」的橋段。

而我最喜歡的一句話是：「不可思議的是，任何人只要吃到好吃到爆的美食，都會笑出來。」

★**註解：**
日本小說家。

監獄飯店的主廚就是會做出「讓人吃到會不禁笑出來的美食」的料理名人。就連已經痛苦到想要自殺的人，都能從他的料理得到救贖。

因此，我認為，只要吃到美食，就會湧現出活下去的元氣。

我們人類就是從食物得到能量，所以不進食就不會有活力。而「美食」擁有能讓這種能量提升好幾倍，甚至好幾十倍的力量。

當人只要因孤寂而意志消沉，就會遇到不幸、衰事，因而漸漸喪失活力。再加上沒有食欲，元氣就會加速流失，孤獨力也會越來越弱。即使是日常飲食，也是食而無味。

所以，在這種情形下，選擇美食會比較好喔！

「這……這是什麼？怎……怎麼會這麼好吃！」

不管當下心情如何，都要吃這種吃了一口就會不禁睜大雙眼，大聲讚嘆，會令自己笑出來的料理。

我的意思並不是說一定要到高級餐廳或頂級日式料理店用餐。只要一份點心，或一碗湯品就夠了。少量即可，只要這個部分選擇上等的美食享用就好。

如此一來，原本低迷的心情就會瞬間急速上升，湧現出連自己都難以置信的元氣，孤獨力也會同時甦醒。像這樣的美食就是「孤獨力」的滋養品。

在太陽底下揮汗

整體看來，現代人都缺乏運動。許多需要體力的動作都已由機械代勞。尤其，首都圈內有著高密度的交通運輸網，無論去哪裡，都能輕鬆抵達。

到處都設有電梯或手扶梯，需要爬樓梯才能到的地方也越來越少。而隨著各式電器產品登場，繁重的家務事也都變得相當輕鬆。這些是可以讓身體感到輕鬆、行動也更加迅速，是值得感恩的，但相對地，因此造成運動量不足也是問題所在。

日常生活中，我們所承受到許多不同的壓力，堆積在心底和腦海裡所產生的疲憊感則無法消除。

身體的疲憊可以透過休息來消除，但內心或頭腦裡的疲勞是無法就這樣簡單消除的。要是不做對身體會產生壓力的運動，便難以抵銷這些內心或頭腦裡的疲勞。

內心的疲倦也是引起寂寞感的原因，所以藉由運動身體來解放心靈非常重要。可能的話，在太陽底下流汗是最棒的。

陽光是生命能量的根本，只要能充分的沐浴在陽光下，就會變得很有朝氣。因此，建議各位每天花三十分鐘到一小時「走路」。這種程度要養成習慣應該不是難事。譬如，搭車通勤就提前一站下車；午休時間走到離公司稍遠的餐廳用餐；工作外出時，時間充裕就試著繞路而行；走到離家較遠的超市去購物等等。只要稍微花點心思，就能確保擁有足夠的步行時間。

而假日時，也別老是窩在被窩裡睡覺。做些簡單輕鬆的運動，慢慢地鍛鍊體力也不錯。

週末老是窩在家裡無所事事，無法消除內心和頭腦的疲倦。而且，一個人的假日反而會感到寂寞。

與其如此，不如到附近的公園散散步；外出逛街，順便到百貨公司走走晃晃；或是去健身房活動活動筋骨，這些都是健康又可以讓內心變得很有活力的方法。

當身體變得舒暢，疲倦消散後，心情也會變得舒爽愉快。

據某位「最愛一個人的假日」的男性所言，週末天氣好的時候，他就會帶著書到東京都內各地的公園去。

他說：「在充滿綠意的公園裡邊散步邊做日光浴，感覺真的很棒。覺得有點累了，就坐在長板凳上看自己喜歡的書。

我有時候也會在家擦擦地板或玻璃窗等，做些需要消耗體力的打掃工作；又或是親手擀蕎麥麵、刻意做些需要花費心思的功夫菜來享受週末。心血來潮時，也會外出爬爬山、旅遊、兜風等等。

總之，只要讓身體動起來，就不會有『一個人的假日好孤單、好寂寞』的感覺。反而會覺得『假日的時候，有充裕的個人時間，真好』！」

不要總是窩在家裡，偶爾拋開一切，外出走走，在陽光下流流汗吧！如此，孤寂也會隨之退散。

將「好幸福」和「好開心」變成口頭禪

為了不讓孤寂接近自己，最重要的就是要隨時保持愉快的心情過日子。人的身體只要一疲倦，免疫力就會降低，容易感冒。一樣的道理，只要心情狀況不佳，就容易罹患「孤寂症」。

如果心情很好，即使朋友突然臨時取消和自己的約會，也只會想，算了！沒關係！那今天就一個人靜靜度過一天吧！但如果剛好碰到心情有點低落時，就會覺得，他是不是討厭我啊？連朋友都不理我，真是寂寞啊！

當然，每天都會有許多不同的壓力，所以任何人都不可能隨時保持絕佳的心情。但即使如此，只要稍微花點心思，就能盡量抑制沮喪擴散，讓憂鬱的情緒轉換成幸福的感覺。

這個祕訣就是，只要擁有小確幸，就對自己說：「好幸福喔！」、「好幸運喔！」而就算碰到超級討厭的事，也要試著說：「真開心！」、「太棒了！」真的只是非常單純的方法，只要將「好幸福」和「好開心」變成口頭禪，心情就會變得不同。請務必嘗試看看不斷對自己說：「真的是太幸運了！」

有個女性朋友就是託這些口頭禪的福，每天都能擁有愉快的心情。據說，每當她因工作忙碌而焦躁不安，就會偷偷溜出辦公室跑到頂樓去，仰望天空，深呼吸後，對著自己說：「藍天好寬闊，心情真好，好幸福喔！」而休息時間時，則會吃著自己最喜歡的頂級點心店的餅乾，微笑說著：「好好吃喔！好幸福！」

「即使只是感到一些些小確幸的瞬間，我也都會將那份幸福感誇大，讓自己更開心。像是：化了一個美美的妝、沖泡出一杯美味的咖啡、體重比前一天輕了〇・五公斤、打折時買到想要買的東西、依照氣象預報帶傘出門，結果真的遇到下雨、走到月台時，火車剛好進站……對我而言，所有順心的事都是幸福的種子。」

另外，她也養成習慣，只要一碰到不順心的事，就會打從內心說「好開心！」接著欣然接受這些事情。

「就像是，總之先說『好開心！』後，再開始去尋找可以變得開心的方法的那種感覺。如此一來，即使被老闆罵了，也可以將那個狀況想成，老闆是看重我，才會訓我。我得好好努力。和男朋友吵架了，也會認為是，這是我們愛情的試煉。

當然，就算換個想法，還是會有心情依然沮喪的時候。並不是說只要這麼做，所有事情都能順心如意。

但是，這樣做總比一直想著『真煩！好討厭！』更能維持比較正向積極的精神狀態。

跟別人聊天時，我也會常說：『好開心！』

像是朋友約我出去玩、工作時，同事給我建議等等的，先不管答案是YES還是NO，總之就先說：『好開心喔！』

當意見相左，或是別人給了不同的提案，聽完之後我會加上一句說：『但如果能像這樣做的話，我會更開心。』這樣就能夠在不讓對方感到不舒服的狀況下，輕鬆表達出自己的想法。

只要一有機會就說『好開心』，感到厭煩的事情也會漸漸變少，真的很棒。

而且，每當我說『好開心！』，感覺身邊的人也會跟著變得開心。」

我也認為，這兩句口頭禪很不錯。如果也能用「好開心，終於可以一個人了。終於能做自己喜歡做的事情了，真是幸福！」這個想法來面對孤寂，心情也肯定會變得開朗的，不是嗎？

你有自己的主題曲嗎？

「一聽到這首歌，就會精神百倍！」

各位有沒有一首像這樣屬於自己的主題曲呢？

在前面我曾提到《艾莉的異想世界》這部連續劇。而據一位相當沉迷於這部美劇的女性說，女主角艾莉和一位男同事都聽從諮商心理師的建議，找出一首屬於自己的主題曲。

每當感到有些沮喪，或是稍感寂寞，就聽聽這首歌，或是把自己當作這首歌的原唱，邊唱邊跳。雖然有時心情還是無法變好，但幾乎都能成功鼓舞自己。

先不談這部戲，我個人也非常贊成選一首屬於自己的主題曲的這個方法。

喜愛的棒球隊的加油歌，或是搖滾歌曲、流行音樂、爵士樂……什麼都好，只要打從心底想要放聲熱唱的歌曲，就是最適合自己的。

電視節目或電影等等也都配有主題曲，選擇了適合代表該作品想傳達的訊息的旋律及歌詞，讓它能夠大受歡迎。

自己的主題歌也是如此，只要能夠具體表現出你的生存之道，或是「想要成為這樣的自己」的歌曲就可以了。

當決定好自己的主題歌，只要一聽到前奏，整個人一定就會立刻挺直腰桿，情緒高漲。

跟我分享《艾莉的異想世界》的那位女性朋友，也是看了那部連續劇後，就選了岡本真夜的〈TOMORROW〉作為自己的主題歌。

她說：「沒有元氣時，難過到想哭時，或是寂寞到想哭時，又或是痛苦到想哭時，總之就是想要哭泣的時候。所以，我把〈TOMORROW〉當作我的主題歌。

♪流過的眼淚會讓我更堅強……我最喜歡這句歌詞。一聽到這句歌詞，我就會告訴自己：『我也要變得像在柏油路上綻放的花朵一樣堅強！』活力也隨之湧現，一個人也不覺得寂寞，會想要做些會讓心情愉快的事。

去唱卡拉OK時，我當然也會唱這首歌。每當我高舉拳頭，熱唱這首歌時，朋友們也會一起大聲附和喊著『加油！』就會越來越有活力了。」

看來，自己的主題歌真的很有效果。讀者也試著為自己找一首主題歌吧！

即使像胎兒一樣縮著身體，獨自一人無聲地在內心不停吶喊「好寂寞喔！」那孤寂也只會繼續停滯在心底。

不如聽聽可以讓自己重振精神的主題歌，或邊唱邊跳，讓情緒高漲起來。這樣一定能夠喚醒孤獨力，一個人也能在瞬間重振精神。

給「孤獨」的一句話

名作通常是孤獨下的產物。

——歌德（Goethe）★

★註解：
德國劇作家、詩人等跨領域文人，著有《少年維特的煩惱》（Die Leiden des jungen Werthers）。

後序

人類在來到這世上起就是「獨自一人」的。

有人說，小嬰孩或許也是透過哭泣，來表現自己的柔弱，並尋求一直環抱著自己的母親，像那樣能夠支持、包容自己的人。就連小嬰孩都瞭解自己是「孤獨的存在」。

隨著不斷成長，人類會自問：「我到底是誰？為什麼而活？到底該如何繼續活下去？」……等等關於生存方式的問題，然後希望自己能夠做為「個體」來自立自強。說得更深奧一點就是，為確立自己的身分而焦躁不安就是人生。

只要想到這些，應該就能夠接受孤獨是理所當然的。

話說回來，就算和很多朋友或是男女朋友在一起時，人類是個體的事實依然不會改變。不是嗎？

甚至，在自己身邊的人越多，所感受到的孤寂只會更強烈。因此，首先得要接受，人生來孤獨，是不可動搖的事實。而那也是養成「孤獨力」的原點，抓住幸福的力量也是從此湧現。

工作、戀愛、人際關係等方面都需要「孤獨力」，這是能夠帶來幸福，也是引領我們的人生邁向成功之路的力量。

參考文獻

《擁有生存勇氣的二〇二句話》（神邊四郎編著．雙葉社）
《探索法國智慧的名言》（石井慶一編．花神社）
《昭文世界金句名言事典》（昭文社編輯部辭典編輯課編．昭文社）
《世界名言一〇一集》（丸山平和著．偕成社）
《世界名言集》（岩波文庫編輯部編．岩波書局）
《世界名言．格言辭典》（Maurice Maloux 編．島津智譯．東京堂出版）
《獨自一人的太平洋》（堀江謙一著．文藝春秋新社）

孤獨力：一個人也可以好好過

幸せを呼ぶ孤独力——
“淋しさ”を「孤独力」に変える人の共通点

作　　者　齋藤茂太
譯　　者　楊素宜
執行編輯　鄭智妮
行銷企劃　許凱鈞
內頁設計　賴維明
封面設計　兒日

發 行 人　王榮文
出版發行　遠流出版事業股份有限公司
地　　址　臺北市南昌路 2 段 81 號 6 樓
客服電話　02-2392-6899
傳　　真　02-2392-6658
郵　　撥　0189456-1
著作權顧問　蕭雄淋律師

2017 年 11 月 27 日　初版一刷
2018 年 4 月 17 日　初版二刷
定　　價　新台幣 250 元　（如有缺頁或破損，請寄回更換）

有著作權・侵害必究　Printed in Taiwan

ISBN 978-957-32-8151-1

遠流博識網　http://www.ylib.com/
E-mail　ylib@ylib.com

孤獨力：一個人也可以好好過 / 齋藤茂太著；楊素宜譯 . -- 初版 . -- 臺北市：遠流 , 2017.11
面；　公分
譯自：幸せを呼ぶ孤独力－“淋しさ”を「孤独力」に変える人の共通点
ISBN 978-957-32-8151-1(平裝)

1. 自我實現 2. 生活指導 3. 獨身

177.2　　106018007

國家圖書館出版品預行編目 (CIP) 資料

SHIAWASEWO YOBU KODOKURYOKU by Shigeta Saito
Copyright © Shigeta Saito 2005
All rights reserved.
Original Japanese edition published by SEIHOUDO Corporation
Traditional Chinese translation copyright © 2017 by Yuan-Liou Publishing Co., Ltd.
This Traditional Chinese edition published by arrangement with SEIHOUDO Corporation through HonnoKizuna, Inc., Tokyo, and Future View Technology Ltd.